首都圏版㉙ **類似問題で効率のよい志望校対策を！**

筑波大学附属小学校

ステップアップ問題集

2021
年度版

志望校の出題傾向・意図をおさえた豊富な類似問題で合格後の学習にも役立つ力が身に付く!!

●すぐに使える **プリント式！**　●全問 **アドバイス付！**

必ずおさえたい問題集

筑波大学附属小学校

お話の記憶	お話の記憶問題集　－上級編－
図形	Ｊｒ・ウォッチャー６「系列」
図形	Ｊｒ・ウォッチャー35「重ね図形」
図形	Ｊｒ・ウォッチャー47「座標の移動」
制作	実践 ゆびさきトレーニング①②③

JN035378

全30問収録！

日本学習図書 ニチガク

目指せ！合格！

家庭学習ガイド 筑波大学附属小学校

入試情報

応募者数：男子 2,087 名／女子 1,813 名
出題形態：ペーパー・ノンペーパー
面　　接：なし（保護者作文あり）
出題領域：ペーパー（お話の記憶・図形）、制作、運動、行動観察、口頭試問

入試対策

2020 年度の考査は例年通り、約 30 名のグループごとに３つの日程にわけて行われました。「口頭試問→ペーパーテスト（お話の記憶・図形）→制作→運動、及び行動観察（グループを半分に分け、交互に行う）」の流れで実施され、試験時間は全体で 60 ～ 80 分程度でした。
当校の入学考査の特徴の１つは、ペーパーテストが標準よりも難しいことです。「お話の記憶」は長文でストーリーが複雑、なおかつ標準よりも問題の読み上げスピードも速いなど、小学校入試としてはかなりの難しいレベルのものです。また、制作の問題は複雑な指示を覚え、素早く的確に作業する必要のある出題となっており、考査の内容も超難関校に相応しいものと言えるでしょう。過去の出題を把握し、例年、必ず出される課題はできるようにしておきましょう。「運動」「行動観察」「口頭試問」の内容は、変化がなくそれほど難しいものではありませんが、指示に従うことはもちろん、待機時の姿勢などの細かな指示を守れるかどうかも観られます。なお、2016 年度より、保護者の方にも作文が課されています。「学校でのトラブルを他の保護者から聞いた時はどうするか」「アレルギー対応はせず、偏食はしない指導について」など、グループごとに異なるテーマで出題されます。お子さまの教育についての考えをまとめ、作文の基本についておさらいしておくとよいでしょう。

- ●制作の問題では、はじめに出される指示を聞き逃さないこと、テキパキと作業を進めることが大切です。
- ●1次考査（抽選）の倍率は 2 倍強。男女約 1,000 名ずつが2次考査（ペーパーテストなど）に進みます。
- ●生年月日別のA、B、Cのグループごとに別日程で試験が行われます。出題はグループごとに異なります。出題分野は共通しているため対策は取りやすいですが、ミスのない素早い解答が求められます。

必要とされる力　ベスト6

チャートで早わかり！

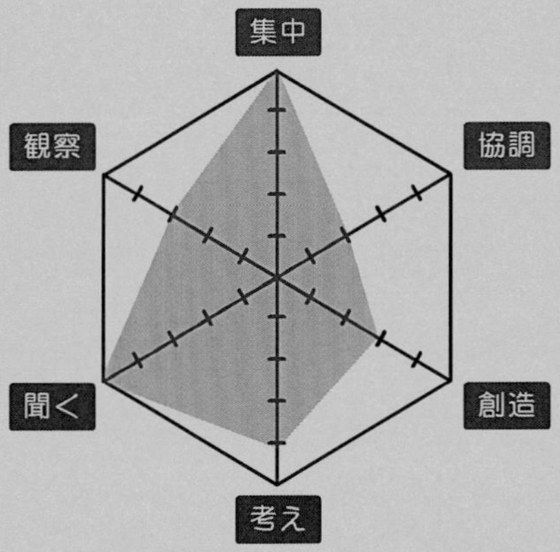

特に求められた力を集計し、左図にまとめました。
下図は各アイコンの説明です。

	アイコンの説明
集中	集　中　力…他のことに惑わされず１つのことに注意を向けて取り組む力
観察	観　察　力…２つのものの違いや詳細な部分に気付く力
聞く	聞　く　力…複雑な指示や長いお話を理解する力
考え	考える力…「～だから～だ」という思考ができる力
話す	話　す　力…自分の意志を伝え、人の意図を理解する力
語彙	語　彙　力…年齢相応の言葉を知っている力
創造	創　造　力…表現する力
公衆	公衆道徳…公衆場面におけるマナー、生活知識
知識	知　　　識…動植物、季節、一般常識の知識
協調	協　調　性…集団行動の中で、積極的かつ他人を思いやって行動する力

※各「力」の詳しい学習方法などは、ホームページに掲載してありますのでご覧ください。http://www.nichigaku.jp

「筑波大学附属小学校」について

〈合格のためのアドバイス〉

当校は日本最古の国立小学校であり、伝統ある教育研究機関の附属校として、意欲的かつ充実した教育を行っています。「教科教育の授業充実」「子どもの学力向上」「子どもを多様な目で見守ること」を目的に教科担任制を実践しているほか、伝統的な野外体験活動や総合活動などが特色です。人気は非常に高く、小学校受験においては日本最多の応募（2020 年度は男女計 3,900 名）がある超難関校です。

第 1 次選考の抽選で男女それぞれ約 1,000 名程度になり、第 2 次選考で**口頭試問**、**ペーパーテスト**、**制作テスト**、**行動観察**、**運動テスト**、を行い、男女各 100 名に絞られます。さらに第 3 次選考の抽選で入学予定者男女各 64 名が決定します。

第 2 次選考の試験は、男女を生年月日別の 3 つのグループ（A・B・C）に分けて実施されます。問題の内容はグループによって異なりますが、出題傾向に大きな差はなく、全グループ共通の観点で試験が行われていると考えられます。

口頭試問は、30 人前後のグループ全員がコの字型に着席し、1 人に対して 1 ～ 2 つの質問をする形で行われました。質問の内容は「学校までの交通手段」「好きな食べ物」「『たちつてと』を言う」などさまざまで、答えの内容よりも答える際の態度、言葉遣いなどを観ていると思われます。

ペーパーテストは、例年通り**お話の記憶**と**図形**の 2 分野が出題されました。

お話の記憶は、お話が長く複雑であることと、服装、色、季節など、細かい描写を問う設問があることが特徴です。長いお話を聞き記憶する力は、読み聞かせを繰り返すことで培われます。積み重ねを大切にしてください。

図形は、図形の構成、系列、対称図形、重ね図形が出題されました。過去数年間出題されてこなかった分野が出題されており、また設問数の多さに対して解答時間が短いため、最後まで解答できない受験者も多くいたようです。幅広く問題に取り組んで学力を付けることと同時に、たくさんの問題を見ても焦らないよう、制限時間内に多くの問題を解くことに慣れておく必要があるといえます。

制作テストでも、グループごとに違う課題が出されましたが、紙をちぎる、ひもを結ぶ、のりやテープなどで貼り合わせるといった基本的な作業は共通しています。ペーパーテストと同様、時間が短く、完成できない受験者も多かったそうです。ふだんから積極的に工作や手先を動かす作業を行い、器用さ、手早さを養いましょう。また、指示がしっかり聞けているか、取り組む姿勢はどうか、後片付けはできているかなども重要なポイントになりますので、練習の際には注意してください。

運動テストは、数年連続してクマ歩きが出題されています。**行動観察**では、基本的なゲームや遊びが出題されています。協調性を観点にしたものですが、特別な対策が必要なものではありません。

当校の試験は、全体的に難度が高く、また出題傾向の変化が少ないのが特徴です。過去に出題された問題がまた出題されることも少なくないので、過去の問題を熟読し、幅広い分野の学習を進めてください。また、「問題を確実にこなす」「うっかりミスをなくす」ことを心がけ、数多くの問題に慣れておくことを強くおすすめします。

〈2020 年度選考〉

◆「出題傾向」の頁参照

◇過去の応募状況

2020 年度	男子 2,087 名	女子 1,813 名
2019 年度	男子 2,032 名	女子 1,762 名
2018 年度	男子 2,043 名	女子 1,727 名

筑波大学附属小学校

ステップアップ問題集

〈はじめに〉

現在、少子化が叫ばれているにもかかわらず、私立・国立小学校の入学試験には一定の応募者があります。入試は、ただやみくもに学習するだけでは成果を得ることはできません。志望校の過去における出題傾向を研究・把握した上で、練習を進めていくこと、試験までに志願者の不得意分野を克服していくことが必須条件です。そこで、本問題集は小学校を受験される方々に、志望校の出題傾向をより詳しく知って頂くために、出題頻度の高い問題を結集いたしました。最新のデータを含む精選された過去問題集で実力をお付けください。

また、志望校の選択には弊社発行の「2021年度版　首都圏・東日本　国立・私立小学校　進学のてびき」「2021年度版　首都圏　国立小学校入試ハンドブック」をぜひ参考になさってください。

〈本書ご使用方法〉

◆出題者は出題前に一度問題を通読し、出題内容などを把握した上で、〈 準　備 〉の欄に表記してあるものを用意してから始めてください。

◆お子さまに絵の頁を渡し、出題者が問題文を読む形式で出題してください。問題を読んだ後で、絵の頁を渡す問題もありますのでご注意ください。

◆「分野」は、問題の分野を表しています。弊社の問題集の分野に対応していますので、復習の際の目安にお役立てください。

◆問題番号右端のアイコンは、各問題に必要な力を表しています。詳しくは、アドバイス頁（ピンク色の１枚目下部）をご覧ください。

◆一部の描画や工作、常識等の問題については、解答が省略されているものがあります。お子さまの答えが成り立つか、出題者が各自でご判断ください。

◆〈 時　間 〉につきましては、目安とお考えください。

◆学習のポイントは、指導の際にご参考にしてください。

◆【おすすめ問題集】は各問題の基礎力養成や実力アップにご使用ください。

〈本書ご使用にあたっての注意点〉

◆文中に **この問題の絵は縦に使用してください。** と記載してある問題の絵は縦にしてお使いください。

◆〈 準　備 〉の欄で、クレヨンと表記してある場合は12色程度のものを、画用紙と表記してある場合は白い画用紙をご用意ください。

◆文中に **この問題の絵はありません。** と記載してある問題には絵の頁がありませんので、ご注意ください。なお、問題の絵の右上にある番号が連番でなくても、中央下の頁番号が連番の場合は落丁ではありません。

下記一覧表の●が付いている問題は絵がありません。

問題１	問題２	問題３	問題４	問題５	問題６	問題７	問題８	問題９	問題10
問題11	問題12	問題13	問題14	問題15	問題16	問題17	問題18	問題19	問題20
								●	
問題21	問題22	問題23	問題25	問題25	問題26	問題27	問題28	問題29	問題30

〈出題傾向について〉

ＡＢＣグループの出題傾向は基本的に同じ！

当校の試験では、生まれ月によって、ＡＢＣの３つのグループにわけて行われます。それぞれのグループによって、試験日が異なっており、試験問題もグループごとに用意されています。しかし、学校として求める子どもがグループによって変わるということはありませんので、**どのグループも同じ観点の問題**が出題されているのです。

過去の問題を分析した結果、**出題傾向**は、

Ａグループ＝Ｂグループ＝Ｃグループ

ということになります。

つまり、**グループを意識せず過去の傾向を総合的に学習することが、合格への近道**となるのです。

ここ数年だけ見ても、すべてのグループでほぼ同じ分野の問題が出題されており、グループの違いによる有利不利はありません。

〈2020年度（2019年秋実施）入試の出題分野一覧表〉

	Ａグループ	Ｂグループ	Ｃグループ
お話の記憶	〈男子〉 みんなでキャンプをする 〈女子〉 動物運動会の練習	〈男子〉 クマくんのクリスマス会 〈女子〉 みんなでキャンプをする	〈男子〉 たろうくんと色鉛筆 〈女子〉 ゆうこさんと色鉛筆
図　形	〈男子〉 図形の構成 〈女子〉 図形の構成	〈男子〉 対称図形 〈女子〉 重ね図形	〈男子〉 系列 〈女子〉 系列
制　作	〈男子〉 イモムシ 〈女子〉 動物園	〈男子〉 お化け 〈女子〉 ウサギのパンケーキ	〈男子〉 ベロベロ君 〈女子〉 トリ
運　動	〈男女〉 クマ歩き	〈男女〉 クマ歩き	〈男女〉 クマ歩き
その他	〈男女〉 口頭試問・行動観察	〈男女〉 口頭試問・行動観察	〈男女〉 口頭試問・行動観察

〈過去の入試データ〉

2020年度募集日程（参考）

2019年実施済みの日程です。
2021年度募集日程とは異なりますのでご注意ください。

【説明会】　なし

【願書配布】　2019年10月8日～10日

【出願期間】　2019年10月15日～18日（郵送受付・当日消印有効）

【選考日時】　第1次選考：2019年11月8日（抽選）
第2次選考：2019年12月15日～17日（検査）
第3次選考：2019年12月19日（抽選）

【検定料】　第1次選考：1,100円
第2次選考：2,200円

【選考内容】　前頁参照

2020年度募集の応募者数等（参考）

【募集人員】	男子・・・・・64名	女子・・・・・64名
【応募者数】	男子・・2,087名	女子・・1,813名
【1次合格】	男子・・・・981名	女子・・1,070名
【2次合格】	男子・・・・100名	女子・・・・100名
【3次合格】	男子・・・・・64名	女子・・・・・64名

2021年度募集日程予定

【説明会】　なし

【児童募集要項WEB購入】　2020年9月8日～20日

【WEB出願期間】　2020年9月17日～20日

【選考日時】　第1次選考：2020年10月3日（抽選）
第2次選考：2020年11月15日～17日（検査）
第3次選考：2020年11月19日（抽選）

※上記の日程は予定です。変更される可能性があります。
詳細は必ず学校のホームページなどで確認してください。

㊢ 先輩ママたちの声！

◆実際に受験をされた方からのアドバイスです。
ぜひ参考にしてください。

筑波大学附属小学校

・図形の問題もお話の記憶の問題も問題数が多くて、時間が足りなくなりました。なるべく早くから問題集に取り組んで対策を取っておくべきです。

・上履きやスリッパは貸してもらえないので、絶対に忘れないように注意してください。

・子どもの試験の待機中に、保護者にも作文が課されました。指定されたテーマについて、25分程度でＡ４用紙１枚（約400字）に書くというものでした。

・試験当日はとても寒く、作文を書く手がかじかむほどでした。しっかりと防寒対策をとることをおすすめします。

・子どもたちのテスト中に作文を書きましたが、10数行を25分ほどで書くので時間がギリギリでした。書くことをしっかりと準備しておく必要があります。

・ペーパーテストは、制限時間がとても短く、全部やりとげるのは難しかったそうです。練習してスピードをつけること、焦らないこと、気持ちの切り替えができることが重要だと思いました。

・運動テストでクマ歩きをするので、女子のスカートは避けた方がよさそうです。また、体育館の床が滑りやすく、転んでしまう子もいたそうですが、なるべく素早くできるように練習しておくとよいと思います。

・制作テストは内容の割に、とにかく時間が短いです。ひも結びや紙ちぎりなどを重点的に、遊びの中に取り入れて練習しておくと、当日焦らずできると思います。

・本校の子どもたちは一年中半そで・半ズボンだそうで、当日も寒い中、半そで・半ズボンのお子さまが多かったです。寒さに強い子にしておいた方が良いですね。

◎学習効果を上げるため、前掲の「家庭学習ガイド」及び「合格のためのアドバイス」をお読みになり、各校が実施する入試の出題傾向を、よく把握した上で問題に取り組んでください。

※冒頭の「本書ご使用方法」「ご使用にあたっての注意点」も併せてご覧ください。

問題1　分野：お話の記憶

集中　聞く

〈準備〉　クーピーペン（12色）
問題の絵はお話を読み終わってから渡す。

〈問題〉　**この問題の絵は縦に使用してください。**
これからするお話をよく聞いて、後の質問に答えてください。

空にうろこ雲が浮かんでいて、とても気持ちのいい日のことです。ウマ君とウサギさんとリスさんとキリン君はクリの木山にクリ拾いに行くことになりました。待ち合わせ場所はみんなの学校の大きなイチョウの木の下です。１番に来たのはリスさんで、青のリュックサックを背負って青の水筒を首からさげてピンクの帽子をかぶっています。２番目に来たウマ君は緑のリュックサックに赤の水筒で赤の帽子をかぶっています。３番目に約束の時間ギリギリになってウサギさんがタオルで汗を拭きながら走って来ました。「待たせてごめんなさい。わたしが１番最後だと思ったのにキリン君がまだ来ていないね」ウサギさんは黄色のリュックサックに白の帽子をかぶって緑色の水筒を肩から斜めに提げています。「ねえ！ウサギさんのリュック何でそんなに膨らんでるの？」とウマ君が聞くと「お弁当よ。おにぎりが５個とクリームパンが１個とジャムパンが１個とチョコレートが１個とミカンが５個はいっているの。ミカンはまだちょっと青いから酸っぱいかもしれないわ」「え～！それ全部ウサギさんが１人で食べるの？」ウサギさんのお弁当にリスさん、ウマ君はびっくりしました。そこにやっと緑色と黒のチェック柄の帽子とお揃いのリュックサックに黄色の水筒を持ったキリン君が来て「あ～！みんな揃っているね。それじゃあ出かけよう」とすまして言いました。するとウサギさんが「遅刻してきたんだからちゃんとみんなに謝りなさいよ」と怒って言いました。するとキリン君は「だって、お母さんが起こしてくれないから寝坊しちゃったんだ。昨日「ちゃんと起こして」って頼んだのに、起こすのを忘れたお母さんが悪いんだよ」と言いました。「来年になったら１年生になるんだからちゃんと自分で起きる練習をした方がいいと思う」とウサギさんがやさしく言いました。それを聞いたキリン君は「ごめんなさい」と小さい声で謝りました。「さあ！出発しよう」ウマ君の元気な声でクリの木山に向けて出発です。クリの木山入り口まではバスに乗って行きました。ススキが銀色に輝きながら風に揺れている原っぱを通り過ぎて、しばらく山道を歩いていると途中でイノシシさんの家族に出会いました。イノシシさんたちはこの山道のすぐしたの川で魚釣りをするところでした。イノシシさんたちと別れてまた山道を登っていると「あ～、もう疲れちゃったよ」とキリン君が言いました。「もうすぐ頂上に着くよ。クリの木山は山の上の方にクリの木が生えているんだ。僕たちが歩いている道の両側はクリの木だらけだよ」ウマ君が教えてくれました。「わ～！頂上に着いたわ」ウサギさんとリスさんがピョンピョンはねながら喜びました。みんなは荷物を置くとさっそくクリ拾いを始めました。ウサギさんが「みんな、これをはめると良いわ」と用意してきた軍手を渡しました。「これならクリのイガも痛くないね」とみんな口々に言いながらクリを拾い始めました。ところがクリがあまり落ちていません。ガッカリしているとそこにクマ君が来て「みんなどいて」と声を掛けるといきなりクリの木に「ドス～ン」と体当たりをしました。「バラバラバラ！」クリがみんなの目の前に落ちてきたではありませんか。クマ君のお陰でクリがたくさんとれました。すっかりお腹が空いてしまったみんなはクマ君も仲間に入れてお弁当を食べました。クマ君にはウサギさんがおにぎりを２個とクリームパンとジャムパンとを１個ずつわけて、ミカンはみんなに１個ずつあげました。リスさんはカキを６個持ってきていたのでみんなに１個ずつあげました。お弁当を食べた後、みんなはクリの木の林で隠れんぼをしたり鬼ごっこをしたりして楽しく遊びました。帰り道で「今度はクマ君も一緒にまたみんなでハイキングに行こうね」とウマ君が言いました。

①このお話に出てきた動物に青のクーピーペンで○を付けてください。
②待ち合わせの場所に２番目に来たのは誰ですか。青のクーピーペンで○を付けてください。
③左の大きな○にはリスさんのリュックサックの色、小さな○には水筒の色を、右側の大きな○にはウマ君のリュックサックの色、小さな○には水筒の色をそれぞれ塗ってください。
④ハイキングの途中で出会った家族に青のクーピーペンで○を付けてください。
⑤ウサギさんが食べたものに青のクーピーペンで○を付けてください。
⑥このお話の季節はいつだと思いますか。同じ季節の絵に青のクーピーペンで○を付けてください。それはお話のどこでわかりましたか、お話してください。

〈時　間〉　各30秒

〈解　答〉　①右から２番目　②ウマくん　③リスさん（リュックサック＝青・水筒＝青）
ウマ君（リュックサック＝緑・水筒＝赤）　④左から２番目
⑤右端（おにぎり３個・チョコレート１個・ミカン１個・カキ１個）
⑥右から２番目（お月見）・どこで季節が秋だとわかりましたか＝秋になるとできるうろこ雲・クリ拾い・ミカン・ススキ・リスさんの持ってきたカキなど

学習のポイント

毎年出題される話の記憶は、どのグループでもかなり長いお話が読まれます。登場人物が多いだけではなく、展開も複雑になることが多いようです。さらに細かな表現ついての質問、お話の流れとはあまり関係のない質問が多く出されるとなれば、ある程度「練習」したお子さまでなければ答えられないのは当然でしょう。さて、本問はそのパターンを踏襲している典型的な問題です。もちろんお話を丸暗記することはできないので、お話を聞きながら、「誰が～をした」という形で内容をまとめていきます。例えば「空にうろこ雲が浮かんでいて、とても気持ちのいい日のことです」という文章があれば「うろこ雲（秋）・晴れ」とまとめるのです。それ以外の部分は覚えません。この時、当校の「お話の記憶」に慣れていないお子さまにすすめたいのが「場面をイメージする」こと。出題されそうなポイントが記憶できるだけなく、「色」「形」「数」といった細かな表現についても自然と記憶に残るようになります。

【おすすめ問題集】

★筑波大附属小学校　新お話の記憶攻略問題集★（書店では販売しておりません）
1話5分の読み聞かせお話集①②、お話の記憶 初級編・中級編・上級編、
Ｊｒ・ウォッチャー19「お話の記憶」、34「季節」

問題2　分野：お話の記憶

集中　聞く

〈準備〉　クーピーペン
問題の絵はお話を読み終わってから渡す。

〈問題〉　**この問題の絵は縦に使用してください。**
お話をよく聞いて後の質問に答えてください。
ある日のことです。動物村の動物たちの家に招待状と書かれた手紙が配達されました。その手紙には「今度の満月の夜、公園に来てください」と書いてあるだけで、誰からの手紙なのかわかりません。「だれかのいたずらだろう」「こんな手紙をよこしたのは誰だ」とみんな不思議に思っていました。すると、なんと手紙をもらったのはみんなお年寄りの動物たちばかりということがわかりました。「誰のいたずらかは知らないけれど騙されたと思って満月の夜に公園に行ってみようじゃないか」とヤギのおじいさんが言ったので「ではその時にご馳走を持って、みんなでお月見をしましょう」とタヌキのおじいさんが言いました。「それがいい。それがいい」とキツネのおばあさんやイヌのおじいさんやクマのおじいさんもなんだか楽しい気持ちになり、満月の夜を楽しみに待つようになりました。一方、村のはずれにある森の中では動物村の子どもたちが集まって音楽会の練習をしていました。イヌさんとウシさんとクマさんはハーモニカ、リスさんはタンバリン、ブタ君とカバ君とコアラ君は笛（リコーダー）、ネズミ君はカスタネット、タヌキ君は太鼓、そしてネコさんは指揮者です。音楽会で演奏する曲は「森の音楽家」です。でもどうしても音が合いません。「ブタ君とコアラ君が音を外すから合わないんだよ」とカバ君が言いました。「どうしてぼくのせいにするんだよ。音を間違えているのはカバ君だよ」とうとうブタ君とコアラ君とカバ君が笛を放り出して喧嘩を始めたので練習ができなくなってしまいました。「満月の夜は明日なのよ。いつも私たちのために公園の掃除をしたり、いろんなことを教えてくれる村のおじいさんやおばあさんを招待して喜んでもらおうとしているのに、これじゃあ音楽会なんてできないじゃない」リスさんとクマさんが怒って言いました。「もう今日は練習はお終いにします」ネコさんも怒って言いました。ほかのみんなも怒って帰ってしまいました。みんなが怒って帰った後、ブタ君もコアラ君もカバ君も喧嘩をやめてションボリしています。「みんなに悪いことしちゃったね」とブタ君、「だって、僕はちゃんと吹いているのに君たちが僕のせいにするんだもん」とカバ君、「まだそんなこと言ってるの？　それより僕たちのせいで音楽会ができなくなったら大変だよ。ちゃんと吹けるように練習しようよ」とコアラ君、「よ～し！頑張ろう」と放り出していた笛を拾うと夕方になるまで練習をしました。次の日、いよいよ今日は招待した村のおじいさんやおばあさんに演奏を聴いてもらう日です。本番の前にもう１度森に集まったみんなは最後の練習を始めました。するとどうでしょう、昨日までバラバラで音がちゃんと合っていなかった笛がとても上手になっているではありませんか。ブタ君とカバ君とコアラ君はみんなに「昨日はごめんね。ちゃんと三人で練習したんだ」と謝りました。夕方になって西の山の方から大きなまんまるい月が昇る頃、公園には招待状をもらったおじいさんやおばあさんたちがそれぞれご馳走を持って集まってきました。すると楽器を持った子供たちがやって来て並ぶと「おじいさん、おばあさん、いつもありがとう。これからも元気でいてください。今日はお礼に「森の音楽家」と言う曲を演奏しますから聴いてください」と子どもたちを代表して指揮者のネコさんが挨拶をしました。いよいよ演奏が始まったのですがここで大問題が起きてしまいました。それは演奏中に張り切って強く叩き過ぎたタヌキ君が太鼓を「バリッ！」と破いてしまったのです。「わたしゃ音楽家、山のタヌキ、上手に太鼓を叩いてみましょ」とみんなが唄うと、次は「ポコポン・ポン・ポン、ポコポン・ポン・ポンいかがです」とタヌキ君が唄いながら太鼓を叩くところです。「あ～どうしよう！」でも何も知らないみんなは、「上手に太鼓を叩いてみましょ」と唄っています。さあ、たいへん！タヌキ君が泣きそうになった時、客席にいたタヌキのおじいさんが立ち上がると「ポコ・ポン・ポン・ポン」とお腹を叩きながらタヌキ君に目で合図をしました。それを見てタヌキ君も慌ててお腹を叩きながら「いかがです」と唄いました。いつの間にか村中の動物たちも集まって大笑いをしながらたくさん拍手をしてくれました。一生懸命に演奏をした子どもたちも招待されたおじいさんやおばあさんたちもとても嬉しそうです。それからみんなで楽しくお月見をしました。

①ご馳走を持ってきてお月見をしようと言ったのは誰でしたか。○をつけてください。
②村の老人たちはどこへ招待されましたか。○をつけてください。
③タンバリンは誰でしたか。○をつけてください。
④喧嘩をしていたのは誰でしたか。○をつけてください。
⑤指揮者は誰でしたか。○をつけてください。
⑥壊れてしまった楽器に○をつけてください。

〈時間〉　各20秒

〈解答〉　①右端（タヌキのおじいさん）　②左端（公園）　③左から２番目（リス）
④コアラ・ブタ・カバ　⑤真ん中（ネコ）　⑥右から２番目（太鼓）

学習のポイント

話の内容は簡単ですが話が長いこと、登場してくる動物の数が多いことに混乱しないようにしてください。ふだんからこうした長い話に慣れ、集中して聞けるように習慣付けておくことが大切です。こうした長いお話を聞く時には「いつ」「どこで」「だれが」「だれと」「何をした」といった話の要点をしっかりと押さえることがポイントになります。また、万が一混乱してしまっても、そこがどうだったかということにはこだわらず、お話の続きを聞くようにしてください。お話の続きの部分でそれがもう一度読まれることもあります。なかなか難しいことかもしれませんが、集中を切らさずお話の流れをつかむこと、出題されそうな細かな表現については押さえること。この２つを両立すれば、こうした問題にスムーズに答えることができます。

【おすすめ問題集】
★筑波大附属小学校　新お話の記憶攻略問題集★（書店では販売しておりません）
１話５分の読み聞かせお話集①②、お話の記憶 初級編・中級編・上級編、
Ｊｒ・ウォッチャー19「お話の記憶」、34「季節」

問題３　分野：お話の記憶　集中　聞く

〈準備〉　クーピーペン
問題の絵はお話を読み終わってから渡す。

〈問題〉　**この問題の絵は縦に使用してください。**

お話をよく聞いて後の質問に答えてください。

ネコのニャン吉は幼稚園の年長組さんで、小学校２年生のお兄さんと３年生のお姉さんがいるちょっぴり甘えんぼさんで、でもとても元気な優しい男の子です。今日はお姉さんたちの小学校の文化祭なので春になったら１年生になる子どもたちはみんな招待されました。ニャン吉は、仲良しのイヌのワンワンとネズミのチューちゃんと小学校に出かけていきました。「小学校の門は幼稚園の門より大きいね」とワンワンが小さい声で言いました。「なんだかドキドキして来ちゃった」とチューちゃんも言いました。門のところには６年生のバッチを付けたウシのお兄さんやウサギのお姉さんが立って、１人ひとりの胸にコスモスの花を付けてくれました。「どうもありがとう」と３人が言うと「どういたしまして。今日は歌や劇や楽器の演奏もやっているから楽しんで行ってね」とウサギのお姉さんが優しく言いました。「食堂にはジュースやケーキもあるよ」元気の良さそうなウシのお兄さんが教えてくれました。最初に一番端の教室に行くと、そこは「家庭科室」と書いてあって、きれいに刺繍されたハンカチやお揃いの毛糸で編んだ靴下と手袋と帽子やスカートにカバン、大きなテーブルクロスなど、お兄さん、お姉さんの作った作品が飾ってありました。「みんな上手だね」「きれいだね」「暖かそうだね」と３人は口々に褒めながら見て回りました。部屋を出たところでクマのクーちゃんに会ったので４人で回ることにしました。次は「工作室」と書いてある部屋で、木で作った本立てやオルゴールの箱や電気のつくスタンドや粘土で作った湯呑茶碗が並んでいました。次の部屋は「美術室」でお友だちの顔や村の景色や花の絵が飾ってありました。「疲れちゃったからジュースを飲みに行こうよ」とワンワンが言ったのでみんなは急に喉が渇いた気持ちになって急いで食堂に行きました。食堂はまだすいていたので４人は窓際の、菊の花がたくさん咲いている花壇が見える席に座りました。ニャン吉とワンワンはソーダとシフォンケーキ、チューちゃんとクーちゃんはリンゴジュースとショートケーキを頼みました。しばらくすると「お待たせしました」と言いながら真っ白なエプロンをして頭に白い三角巾をつけたニャン吉のお姉さんがお盆にジュースやケーキを乗せて運んできました。ジュースを飲んでケーキを食べてこれからどうしようかみんなで相談していると、「このあと体育館で「ブレーメンの音楽隊」の劇と音楽会があるから行くといいわ。少し早いけど今行けば前の方に座れると思うわよ」とニャン吉のお姉さんが教えてくれました。体育館に行く途中で「ニャン吉のお姉さんは優しいね」とチューちゃんとクーちゃんが言ったのでニャン吉はち少し嬉しい気持ちになりました。体育館に行くと前から２番目の席が空いていたので４人は仲良く並んで座ることができました。「ブレーメンの音楽隊」の劇は「人間に捨てられたり、食料として殺されそうになったロバやネコやニワトリやイヌが、ブレーメンという街に行って音楽隊に入ろうと一緒に旅に出るところから始まります。途中森の中にある一軒の家に泊めてもらおうとすると、そこは大泥棒たちの家でした。そこでみんなは相談をしてその日の夜中、ロバの頭の上にイヌが乗り、イヌの頭の上にネコが乗り、ネコの頭の上にニワトリが乗って窓から化け物のような影をのぞかせ、それぞれが大声を出して脅かしました。泥棒たちは「化け物だ～。たすけてくれ～！」と大慌てで逃げ出します。家が空っぽになったのでロバとイヌとネコとニワトリはブレーメンには行かずに森の中の家で仲良く暮らしました」というとても面白いお話でした。劇に出た６年生も「とても上手だったな！」とニャン吉は思いました。劇の後は音楽会でニャン吉のお兄さんも出て一生懸命に歌を唄っていました。音楽会が終わって校庭に出ると４年生・５年生のバッチを付けたお兄さんやお姉さんたちがボール投げをしたり、縄跳びをしたり、鬼ごっこをしたりして遊んでくれました。鬼ごっこをしている時ニャン吉が転ぶとすぐに「保健室」という部屋に連れて行ってすりむいた膝を消毒して星柄のバンソウコウを貼ってくれました。帰る時、門のところで６年生のウシのお兄さんとウサギのお姉さんから表紙にイヌの絵が描いてあるノートと鉛筆を１つずつもらいました。４人は「ありがとうございました」とお礼を言って門の外に出ました。そして口々に「今日は楽しかったね」「学校に行くのが楽しみだね」と言いながら家に帰っていきました。

①はじめにニャン吉が一緒に学校に行ったお友だちは誰でしたか。○をつけてください。
②門のところで６年生のお兄さんやお姉さんが胸に付けてくれたものは何ですか。○をつけてください。
③１番始めに入った部屋に飾ってあったものに○をつけてください。
④ブレーメンの音楽隊に出てきた動物に○をつけてください。
⑤帰る時お土産に何をもらいましたか。もらったものに○をつけてください。
⑥このお話の季節はいつだと思いますか。同じ季節の絵に○をつけてください。

〈時　間〉　各20秒

〈解　答〉　①真ん中、右から２番目（ネズミのチューちゃん、イヌのワンワン）
②左から２番目（コスモス）　③左から２番目（毛糸の帽子・手袋・靴下）
④ロバ・ニワトリ　⑤左端（イヌの絵のノートと鉛筆１本）
⑥左端、右から２番目（サツマイモ掘り、お月見）

学習のポイント

あまり出題されたことはありませんが、古今東西の「有名な民話・童話」を下敷きにしたお話やそれについてのお話から出題されることがあります。「有名なお話の劇をする子どもたち自分の役について話し合う」といったものまで出題されています。ここでは小学校の文化祭で上演された「ブレーメンの音楽隊」の劇を観る幼稚園児、という設定でお話が展開します。それだけでもややこしいのですが、さらに登場人物も動物ということでお子さまが混乱するのも無理はない作りです。繰り返しになりますが、「誰が」「何を」「～した」というポイントを覚えるために、場面をイメージしながらお話を聞きましょう。もちろん、「ブレーメンの音楽隊」がどんなお話なのかがわかっていれば、その部分を覚える必要がなく、お話の展開もわかりやすくなります。読み聞かせや絵本、なんでも構いませんが有名なお話を知っておくのも学習の１つです。

【おすすめ問題集】

★筑波大附属小学校　新お話の記憶攻略問題集★（書店では販売しておりません）
1話５分の読み聞かせお話集①②、お話の記憶 初級編・中級編・上級編、
Ｊｒ・ウォッチャー19「お話の記憶」、34「季節」

家庭学習のコツ①　**「先輩ママのアドバイス」を読みましょう！**

本書冒頭の「先輩ママのアドバイス」には、実際に試験を経験された方の貴重なお話が掲載されています。対策学習への取り組み方だけでなく、試験場の雰囲気や会場での過ごし方、お子さまの健康管理、家庭学習の方法など、さまざまなことがらについてのアドバイスもあります。先輩ママの体験談、アドバイスに学び、ステップアップを図りましょう！

問題4　分野：図形（構成）

観察　考え

〈準備〉　クーピーペン（青）

〈問題〉　左上の段の絵を見てください。左の四角の図形を組み合わせてできる形に○をつけてください。図形は向きを変えても構いませんが、裏返しや重ねることはできません。①～⑤まで順番にやりましょう。

〈時間〉　３分

〈解答〉　下図参照

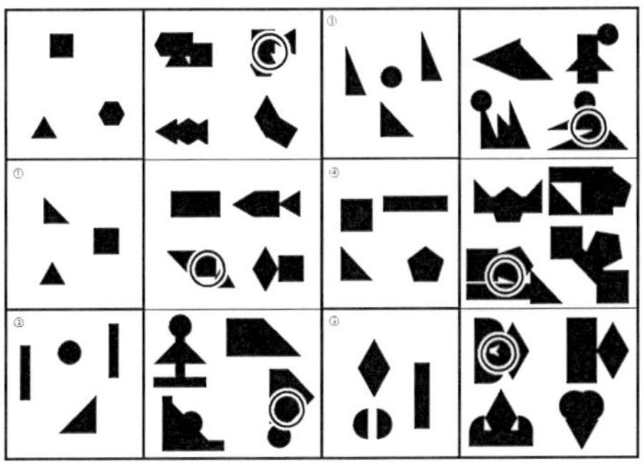

学習のポイント

当校入試では図形分野の問題も設問の数が多く、正確さとスピードが要求される作りになっています。この問題は図形の合成の問題ですが、いちいち「この形をここに当てはめて、次はこれを…」とやっているとあっという間に解答時間をオーバーしてしまいます。これを避けるには同じような問題に慣れることが１番です。ただし、ここでの「慣れる」はただ単に似たような問題を数多く解くという意味ではなく、「時間内に、正確に答えるためのコツや考え方を身に付ける」という意味での「慣れる」です。よく考えてから問題を進めましょう。図形の合成では、判断を早くするために合成する図形をすべてを当てはめるのではなく、１つのピースだけを当てはめていくと判断が早くなります。①であれば左の四角にある「■」のあるなしだけで、選択肢を観察していくというわけです。

【おすすめ問題集】

★筑波大附属小学校図形攻略問題集①②★（書店では販売しておりません）

Ｊｒ・ウォッチャー９「合成」

問題5　分野：図形（構成）

観察　考え

〈準 備〉　クーピーペン（青）

〈問 題〉　左上の段の絵を見てください。左の四角の図形を組み合わせてできない形に○をつけてください。図形は向きを変えても構いませんが、裏返しや重ねることはできません。①～⑤まで順番にやりましょう。

〈時 間〉　３分

〈解 答〉　下図参照

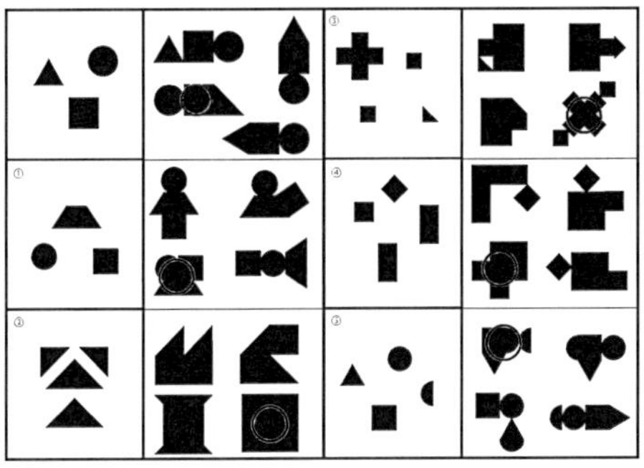

学習のポイント

前問に引き続き、図形の合成の問題です。違いは「できないものを見つける」という点だけです。こうした問題では「～のないものを見つける」という「消去法」を使いましょう。見本の形の１つを選び、選択肢の形と照合していき、「見本の図形がないものが答え」というわけです。例題で考えると見本の「▲」がない形は選択肢には１つしかありません。これが答えになります。もちろん、見本のどの形から照合していくか、選択肢の図形をどのような順番で照合していくかというあたりに、同じような問題を解いた経験が生かされてくるので、「慣れる」は大切です。

【おすすめ問題集】

★筑波大附属小学校図形攻略問題集①　②★（書店では販売しておりません）

Ｊｒ・ウォッチャー９「合成」

家庭学習のコツ②　「家庭学習ガイド」はママの味方！

問題演習を始める前に、試験の概要をまとめた「家庭学習ガイド（本書カラーページに掲載）」を読みましょう。「家庭学習ガイド」には、応募者数や試験課目の詳細のほか、学習を進める上で重要な情報が掲載されています。それらの情報で入試の傾向をつかみ、学習の方針を立ててから、対策学習を始めてください。

問題6　分野：図形（点対称・座標の移動）

観察　考え

〈準 備〉　クーピーペン（赤）

〈問 題〉　左上の絵を見てください。左のマス目の中に、●と○があります。○が●を通って反対側に動くと、それぞれどのようになりますか。○が移動するところに○を書いてください。○がマス目の外に行く時には○を書いてはいけません。

〈時 間〉　３分

〈解答例〉　下図参照

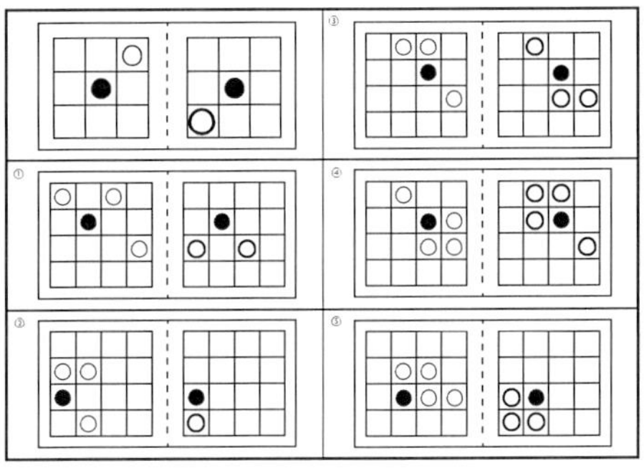

学習のポイント

当校入試の図形問題では珍しいことですが、少しひねった聞き方をしているので注意してください。結局「左の図形の対称の図形では○はどのようになっているか」を聞いている問題なのですが、「対称」という言葉を使わないで説明しようとするとこのようになるということです。お子さまの理解としては何問か問題を解いているうちに「左の図形の『ひっくり返った形』が右側の形になる」程度で充分でしょう。このように数字や文字が使えない小学校受験ならではの難しさというものがあると保護者の方も知っておいてください。問題の１つひとつはそれほど難しいものではありません。時間にも比較的余裕があるので、落ち着いて考えても充分間に合います。

【おすすめ問題集】

★筑波大附属小学校図形攻略問題集①②★（書店では販売しておりません）
Ｊｒ・ウォッチャー８「対称」

家庭学習のコツ③　効果的な学習方法～問題集を通読する

過去問題集を始めるにあたり、いきなり問題に取り組んではいませんか？　それでは本書を有効活用しているとは言えません。まず、保護者の方が、すべてを一通り読み、当校の傾向、ポイント、問題のアドバイスを頭に入れてください。そうすることにより、保護者の方の指導力がアップします。また、日常生活のさまざまなことから、保護者の方自身が「作問」することができるようになっていきます。

問題7　分野：図形（回転図形・重ね図形）　観察　考え

〈準 備〉　クーピーペン（青）

〈問 題〉　左上の絵を見てください。矢印がついている図形を矢印の方向に傾かせ、その隣の図形に重ねます。その時に○がないマス目はどこでしょうか。右端の四角にその位置を書いてください。

〈時 間〉　３分

〈解答例〉　下図参照

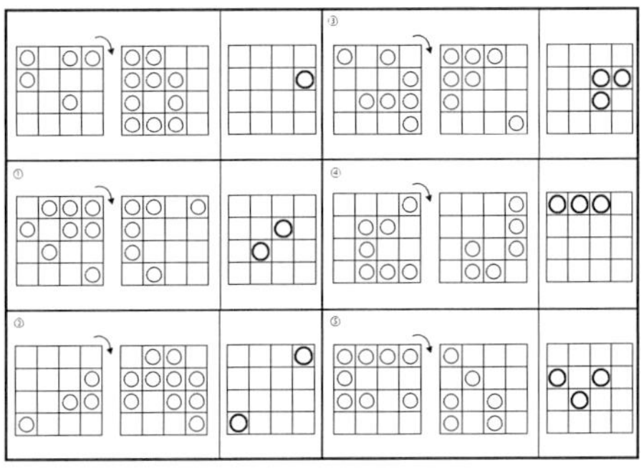

学習のポイント

回転図形と重ね図形の複合問題としていますが、「（図形を）回転させてから重ねる」というだけの意味です。ただし、「～したら～という形になる」、「○の位置は～移動する」といったイメージをしなくては答えられないので、その意味では問題を解いた経験がないとかなり難しくなってしまいます。２段階の変化だと混乱してしまうというお子さまは「回転させた時にどのようになるか」を解答と勘違いされないようにメモしておいてもよいでしょう。○の移動する位置に「✓」を書き込んでも構いません。とにかく混乱して時間をロスしないようにしてください。

【おすすめ問題集】

★筑波大附属小学校図形攻略問題集①②★（書店では販売しておりません）
Ｊｒ・ウォッチャー35「重ね図形」、46「回転図形」

家庭学習のコツ④　効果的な学習方法～お子さまの今の実力を知る

１年分の問題を解き終えた後、「家庭学習ガイド」に掲載されているレーダーチャートを参考に、目標への到達度をはかってみましょう。また、あわせてお子さまの得意・不得意の見きわめも行ってください。苦手な分野の対策にあたっては、お子さまに無理をさせず、理解度に合わせて学習するとよいでしょう。

問題8　分野：図形（系列）

観察　考え

〈準 備〉　クーピーペン（赤）

〈問 題〉　図形に書かれている記号はお約束どおりに並んでいます。空いている太い四角の中にはどのような記号が入るでしょうか。その記号を太い四角の中に書いてください。

〈時 間〉　３分

〈解 答〉　下図参照

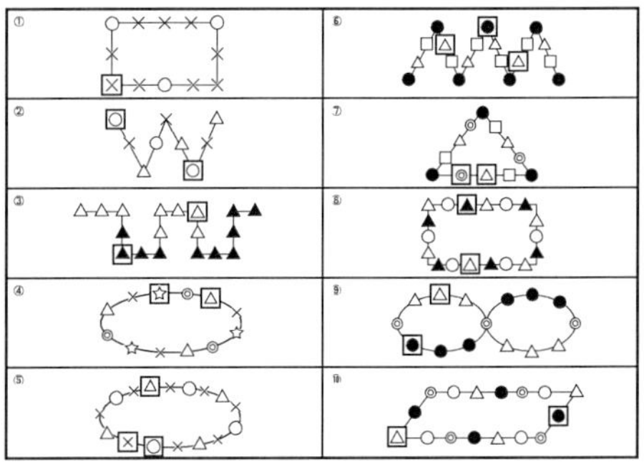

学習のポイント

昨年出題された「系列」の問題です。ここでは円や図形の上に記号が並んでおり、機械的に答えることができません。当たり前と言えば当たり前ですが、どのようなパターンで並んでいるかを絵を見ながら考えるのが１番です。系列の問題がよくわかっていなければ、どこからでも構わないので空いているところに、記号を一列に並ぶように書いてみてください。①なら右回りに「○×××○×××○××？」となります。これなら、答えがすぐにわかるでしょう。もちろん、入試本番では時間がないので、前後の記号の並び方から推測しないと間に合いません。実際に記号を書かなくても、パターンを推測できるような思考力が必要ということです。

【おすすめ問題集】

★筑波大附属小学校図形攻略問題集①②★（書店では販売しておりません）
Ｊｒ・ウォッチャー６「系列」

問題9　分野：図形（系列）

観察　考え

〈準備〉　クーピーペン（青）

〈問題〉　図形に書かれている記号はお約束どおりに並んでいます。空いている【　】の中にはどのような記号が入るでしょうか。その記号を【　】の中に書いてください。

〈時間〉　３分

〈解答〉　下図参照

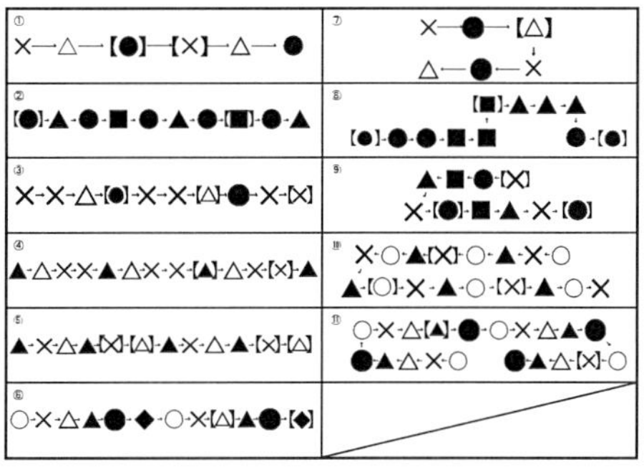

学習のポイント

前問に引き続き、「系列」の問題です。この問題では「同じ記号や絵を探してそれぞれ別の指で押さえ、その指の間隔を保ったまま、『？』になっているマスに、一方の指を移動させて解答を導く」というテクニックが使えます。注意すべきなのは「○▲○▲□○▲○▲□」といった同じ記号が１つのパターンに２回以上出てくる系列。お子さまは混乱しそうです。こうした問題も出題されることがあるので、やはりテクニックは充分にその問題を理解していない限り使わない方がよいのかもしれません。なお、問題によって解き方が使い分けられるならそもそもこのテクニックを使う必要はなく、「どういうパターンで記号が並んでいるか」と考えた方が早く答えが出ます。

【おすすめ問題集】

★筑波大附属小学校図形攻略問題集①②★（書店では販売しておりません）
Ｊｒ・ウォッチャー６「系列」

問題10　分野：制作

聞く　創造

〈準　備〉　紙コップに穴をあけておく（問題10の絵を参照）。黒の○シール（小）２枚・白の丸シール（大）２枚・緑のひも１本・○が書いてある台紙・アルミ箔の小分け容器・発泡スチロールでできた白いボール・赤のシール１枚・クーピーペン（オレンジ）・スティックのり

〈問　題〉　**この問題は絵を参考にしてください。**

これから「けん玉くん」を作ります。はじめに私が作りますからよく見て覚えてください。後で同じ人形を作ってもらいます。

①はじめに、赤のシールでボールをひもに貼り、アルミ箔の小分け容器でボールを包みます。

②紙コップの穴にひもを通し、内側から固結びで結びます。

③紙コップに白の丸シール（大）を貼り、その上に黒の丸シール（小）を貼って目を作ります。

④○の書いてある台紙をオレンジのクーピーペンで塗り、線に沿って手でちぎり、スティックのりで貼り付けて口にします。

これで「けん玉くん」ができ上がりました。でき上がっても私が「いいですよ」と言うまで「けん玉くん」で遊んではダメですよ。では始めてください。

〈時　間〉　10分

〈解　答〉　省略

学習のポイント

当校の制作の問題でチェックされるのは①指示を理解してそのとおりに実行できること。②年齢なりの知識（常識）・技術があることです。少しこれよりは比重は低いですが、③時間内に作るだけの計画性も評価されているかもしれません。家庭で練習する時もそういったポイントに注目してください。①については「結果だけではなく順序まで言われた通りに」というところまで徹底しましょう。かなり細かいところまで観察されています。結果が同じならよいというわけではないのです。逆に②は「年齢なりの…」と断っているように、一通りのことさえできれば問題ありません。当校でよく出題される「ちぎり」についても同じです。最後に③ですが、これは「できれば」の目標としてください。当校の制作の問題は年々簡単になっているので、「これぐらいならできて当然」と考えるようになっているかもしれないのです。

【おすすめ問題集】

★筑波大附属小学校工作攻略問題集★（材料付き）

実践 ゆびさきトレーニング①②③

Ｊｒ・ウォッチャー23「切る・貼る・塗る」

問題11　分野：記憶

集中　聞く

〈準備〉　クーピーペン（赤・青・黄）
問題の絵はお話を読み終わってから渡す。

〈問題〉　**この問題の絵は縦に使用してください。**
これからするお話をよく聞いて、後の質問に答えてください。

お母さんがおばあちゃんの入院している病院へ行くことになったので、さおりちゃんと弟のしょうくんは２人でお留守番をすることになりました。お母さんは近くの病院までバスで行きます。そこにおばあちゃんは入院しているのです。今日、おばあちゃんは退院できることになったので、お母さんはお迎えに行きます。「お母さんが出たらお家の鍵を中からちゃんと閉めてね。おやつは冷蔵庫にプリンが入っているから１つずつ食べてね」そう言って、お母さんは出かけていきました。行ってらっしゃいをして、さおりちゃんは言われたとおりに鍵を中から閉めました。冷蔵庫からプリンを出して、しょうくんの分はロボットの模様のお皿に、さおりちゃんの分はチューリップの模様のお皿に載せてテーブルに置きました。しょうくんはお母さんがいなくてちょっと不安そうです。「しょう、プリン食べたらおねえちゃんが絵本を読んであげるね」「うん」しょうくんはうれしそうにニコニコしました。おやつがすむと、しょうくんは絵本を持ってきました。サルとウスとハチとクリとカニが出てくるお話で、さおりちゃんも何度もお母さんに読んでもらってよく知っているお話です。さおりちゃんはいつもお母さんがしてくれるみたいにとても上手に読んであげました。絵本を読んだ後は２人で折り紙をしました。しょうくんはヒコーキを２つ青色と黄色の折り紙で折りました。さおりちゃんはツルを赤色とピンク色で折りました。ツルの折り方はおばあちゃんが教えてくれました。おばあちゃんが退院できるなんてうれしいなあと思いながらツルを折っていると、家の前で車が止まる音がして、ピンポーンとチャイムが鳴りました。「ハーイ」さおりちゃんが走って玄関へ行くと外から「ただいま、お母さんよ」と声がしました。「おかえりなさい」元気に言ってドアを開けるとタクシーから降りたばかりのおばあちゃんと荷物をたくさん持ったお母さんが立っていました。

（問題11の絵を渡して）
①１番上の段を見てください。お出かけする前にお母さんが１番はじめにするように言ったのは何でしたか。青色クーピーペンで○をつけてください。
②上から２段目を見てください。さおりちゃんのプリンを載せたお皿の絵に赤色クーピーペンで、しょうくんのプリンを載せたお皿の絵に青色クーピーペンで○をつけましょう。
③上から３段目を見てください。お母さんは病院へ行く時、何で行きましたか。青色クーピーペンで○をつけましょう。
④下から２段目を見てください。さおりちゃんが読んだ絵本に出てこなかったものに青色クーピーペンで○をつけましょう。
⑤この絵本のお話が何だか知っていますか。お口で答えてください。
⑥１番下の段を見てください。○が２つあります。しょうくんが折ったヒコーキの色で○を塗ってください。

〈時間〉　各10秒

〈解答〉　①青色の○：左から２番目（鍵を閉める）
②赤色の○：左から２番目（チューリップ）、青色の○：右から２番目（ロボット）
③青色の○：右端（バス）　④青色の○：左端（ウサギ）　⑤さるかに合戦
⑥青色と黄色

学習のポイント

当校のお話の記憶で題材にされるお話は、ほとんどが動物が登場人物のお話です。まれに本問のような志願者と同年代の子どもが主人公のお話が題材になります。ここでは、出題されて戸惑わないように、あえて子どもが主人公のお話を取り上げました。もっとも、登場人物が違っても起こる出来事は、日常よく目にするもので、突飛な展開や登場人物の行動はありません。お話が長い割に、すんなりと頭に入ってくるのはそのせいでしょう。また、当校の入試でこのレベルの難しさなら、ほかの志願者がほぼ間違えません。ケアレスミスがないように慎重に解答しましょう。なお、登場人物の気持ちを推察する問題や、ストーリーとは直接関係ない分野の質問（季節や理科的常識を聞くなど）を聞くといった、応用力が必要な出題が必ず２～３題は出題されます。慣れてくると自然と聞かれそうな箇所はわかってくるのですが、そういった勘が働くようになるまでは、「登場人物は～の～人で」「～は～した」といった「事実」を整理しながら聞いてください。

【おすすめ問題集】

★筑波大附属小学校　新お話の記憶攻略問題集★（書店では販売しておりません）
１話５分の読み聞かせお話集①・②、お話の記憶 初級編・中級編・上級編、
Ｊｒ・ウォッチャー19「お話の記憶」

問題12　分野：記憶　集中　聞く

〈準備〉　クーピーペン（赤・青・黄）
問題の絵はお話を読み終わってから渡す。

〈問題〉　**この問題の絵は縦に使用してください。**
これからするお話をよく聞いて、後の質問に答えてください。

カバ先生は歯医者さんです。先生がとても優しくて上手なお医者さんなので病院はいつも患者さんでいっぱいです。今日はワニのおじいさんから電話がかかってきたので、ワニおじさんの家に行きます。黒いかばんの中にワニさん用の大きなブラシとペンチとピンセットと虫メガネを入れて出かけました。ワニのおじいさんの家への道を歩いていると、道の端の木の根っこに腰かけて、サルさんがシクシク泣いていました。「おやおや、サルさんどうしたの？　何が悲しくて泣いているの？」カバ先生がたずねるとサルさんは「違うよ。昨日から耳が痛くて痛くてたまらないんだ。おまけになんだかわからないこわい音が、どこかから聞こえてくるんだよ」そう言ってますます大きな声で泣きました。「どれどれ、僕は歯のお医者さんだけど、何かわかるかもしれないよ。見せてごらん」カバ先生はかばんの中から虫メガネを出してサルさんの耳の中をのぞいてみました。「おやおや、これは痛いはずだよ。小さなテントウムシが耳の中に迷い込んでいるよ。ちょっと待って、取ってあげるよ」今度はかばんの中からピンセットを取り出しました。上手に使ってテントウムシはすぐに取れました。泣いていたサルさんはもうニコニコです。「ありがとう先生。お礼にこれをどうぞ」サルさんはきれいなヒマワリの花を２本くれました。少し歩いていくと信号がありました。信号が変わるまで止まって待っていました。すぐに信号が変わったので渡ろうとすると向こうの方から走ってきたキリンさんがイバラの繁みに足を突っ込んでバッターンと転んでしまいました。「アイタタタッ。痛いよ～痛いよ～」キリンさんは大声で叫びました。カバ先生は急いでキリンさんのところに走りよりました。キリンさんの足は、イバラにからまって傷だらけです。「大変、大変、キリンさん。今、イバラを取ってあげるからね」カバ先生はイバラを取ろうとしましたが、イバラはトゲがたくさんあって触れません。「そうだ、いいものがあるよ」カバ先生はかばんからペンチを出しました。それを使ってイバラの枝をパチンパチンと切り始めました。間もなく、からまっていたイバラは全部取れました。「ほら、もう大丈夫。キリンさんあまり急がないでゆっくり走ってね」カバ先生が言うと、キリンさんは恥ずかしそうに頭をかきながら「ありがとう先生。お礼にこれをどうぞ」と大きなパイナップルを３個もくれました。カバ先生はまた歩き出しました。信号を渡って向こうに緑色の池が見えてきました。そこがワニのおじいさんのお家です。

（問題12の絵を渡して）
①１番上の段を見てください。お話に出てこなかった動物に赤色クーピーペンで×をつけてください。
②上から２段目を見てください。カバ先生のかばんに入っていたものはどれですか。青色クーピーペンで○をつけてください。
③上から３段目を見てください。カバ先生が歩いて行った時、信号は何色でしたか。信号機の絵の正しいところにその色を塗ってください。
④上から４段目を見てください。絵の中から今の季節と同じものを見つけて赤色クーピーペンで○をつけてください。
⑤１番下の段を見てください。カバ先生がもらったお礼はみんな合わせると何個になりましたか。その数だけ黄色のクーピーペンで○を塗ってください。

〈時間〉　①～④各10秒、⑤適宜

〈解答〉　①赤色の×：左から２番目（トラ）、右端（パンダ）
②青色の○：左から２番目（虫メガネ）、右から２番目（ペンチ）、右端（ブラシ）
③右端を赤で塗る　④赤色の○：右端（花火）
⑤黄色で５つ塗る

学習のポイント

本問はお話が長いだけではなく、登場人物、出来事、場面転換も多いなど、かなり込み入った内容になっています。設問も持ちものや服装などの細かい描写、数や色、季節などを問う、他分野との複合的な問題がメインです。つまり、かなり難しい問題なのですが、入試までにはこのレベルの問題に答えなくてはなりません。聞き方の工夫としては、①情報を整理しながら、②お話のそれぞれの場面をイメージしておく、というのが基本です。例えば、「カバ先生が、交差点で信号（赤信号）が変わるのを待っている」というシーンをイメージしながらお話を聞くわけです。その時、カバ先生の服装や持ちものまで思い浮かべることができれば、「（その時）信号の色は何色でしたか」といった問題なら、スムーズに答えることができるはずです。もちろん、この「場面を思い浮かべるという作業」にはある程度慣れが必要です。問題を解くといった時に限らず、お話を聞く時にも意識してください。習慣にすれば、案外早く身に付くものです。

【おすすめ問題集】

★筑波大附属小学校　新お話の記憶攻略問題集★（書店では販売しておりません）
1話5分の読み聞かせお話集①・②、お話の記憶 初級編・中級編・上級編、
Ｊｒ・ウォッチャー19「お話の記憶」

問題13　分野：図形（回転図形）

観察　考え

〈準 備〉　クーピーペン（赤）

〈問 題〉　**この問題の絵は縦に使用してください。**
（問題13－１の絵を渡して）
①～⑥
左のお手本を矢印の方向にコトンと１回倒すとどうなりますか、あっている絵に○をつけてください。最後まで同じように続けてやってみましょう。

（問題13－２の絵を渡して）
⑦左のお手本を右に１回コトンと倒したら、白い○はどこになりますか。右の絵の正しい場所に○を書いてください。
⑧左のお手本の四角い箱を矢印の方向にコトンと１回倒した時、箱の中の線はどうなると思いますか、右の箱の中に線を書いてください。

〈時 間〉　①～⑥１分30秒　⑦45秒　⑧45秒

〈解 答〉　①左から２番目　②右端　③右から２番目　④左端　⑤右端　⑥左から２番目
⑦⑧下図参照

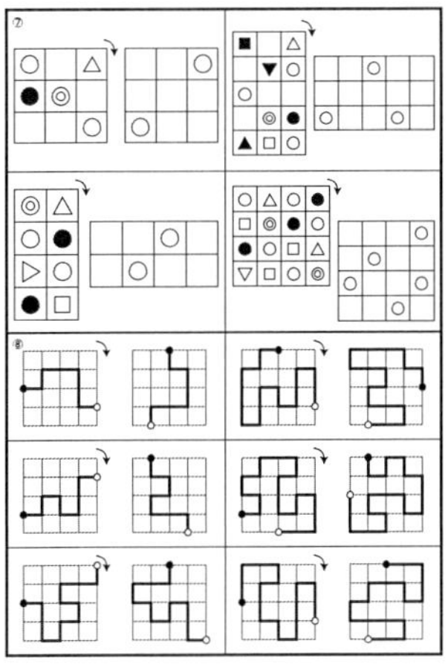

学習のポイント

回転図形の問題です。問題数が多いですが、この程度なら解答時間内に答えて当然というスタンスで入試が行われています。合格レベルは全問に答えて、なおかつ8割ぐらいは正解するといったところでしょうか。実際に絵を回転させて検証している時間はありません。そこで、「図形の操作」という言い方をしますが、図形が指示の回転するとどのようになるのかを想像しながら、正しい選択肢を選ぶ、あるいは答えを記入する必要があります。回転図形、特に当校で出題されるような、マス目に記号が記入されている正方形を回転させるものは、90度回転した（小学校受験では1回回すと言います）時に、○や△がどの位置にくるのかということ注目してください。選択肢を選ぶものであれば、それだけで答えが出ます。⑧のように、線が回転するものはこれらの応用ですが、記号でなく、線が回転していると見ましょう。回転した時にその線がどのような形なるかもイメージするので複雑になりますが、答えに関係のある図形のみを回転させれば、それほど混乱しないはずです。

【おすすめ問題集】

★筑波大附属小学校図形攻略問題集★（書店では販売しておりません）

Ｊｒ・ウォッチャー１「点・線図形」、８「対称」、48「鏡図形」

問題14　分野：図形（対称）

観察　考え

〈準　備〉　クーピーペン（赤）

〈問　題〉　左側にある形を太線のところから矢印の方へ折った時、どのような形になりますか。右の四角の中から選んで赤色のクーピーペンで○をつけてください。

〈時　間〉　１分

〈解　答〉　下図参照

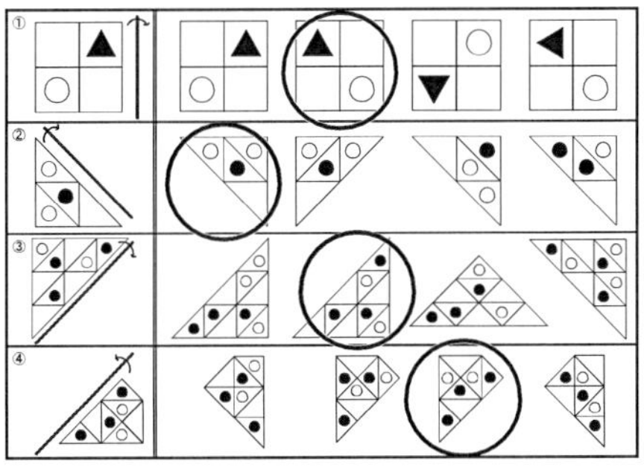

（○は赤色を使用）

学習のポイント

対称の問題です。各設問で、形を反転させる軸の向きが違うので注意してください。記号の位置が軸に対して対称になるのは当然ですが、図形そのものも対称の形になります（②～④では三角形が使われています）。対称あるいは展開の問題は、お子さまにとって説明されたからわかる、というものではありませんから、いくつかの例を見せて納得してもらうようにしましょう。イラストを切り取って、図形そのものを反転させるのです。そういった経験をすれば、この問題のように「正しいものを選択肢の中で選ぶ」という問題なら、直感的に答えがわかるようになります。次の段階としては、対称の形がどのような形かをイメージしてから答えることです。当校の入試はここ数年、解答として実際に記号を記入する機会が増えているので、それに対応できるように図形に対する感覚・知識を磨いておく必要があります。

【おすすめ問題集】

★筑波大附属小学校図形攻略問題集★（書店では販売しておりません）
Ｊｒ・ウォッチャー５「回転・展開」

問題15　分野：図形（重ね図形）

観察　考え

〈準備〉　鉛筆、クーピーペン（黒）

〈問題〉　**この問題の絵は縦に使用してください。**
問題15-１を見てください。
①折り紙が重なっています。下から２番目の折り紙に鉛筆で○をつけてください。
②折り紙が重なっています。上から３番目の折り紙に鉛筆で×をつけてください。
③左の２枚のお手本の絵は透き通った紙に書いてあります。２枚のお手本をそのままずらして重ねると、黒い線はどのようになりますか。右側の四角に黒のクーピーペンで書いてください。下の２つの段も同じように続けて書いてください。
問題15-２を見てください。
⑥左の絵は透き通った紙に書いてあります。その左の絵を右にパタンと裏返すとどの絵になると思いますか。その絵を右から探して鉛筆で○をつけてください。下の２つの段も同じように続けて○をつけてください。
⑨左の２枚のお手本の絵は透き通った紙に書いてあります。左側のお手本をそのままずらして右側のお手本の上に重ねるとどんな絵になりますか。右の絵の中から探して鉛筆で○をつけてください。下の段も同じように続けて○をつけてください。

〈時間〉　①②各10秒　③④⑤各20秒　⑥⑦⑧⑨各15秒

〈解答〉　下図参照

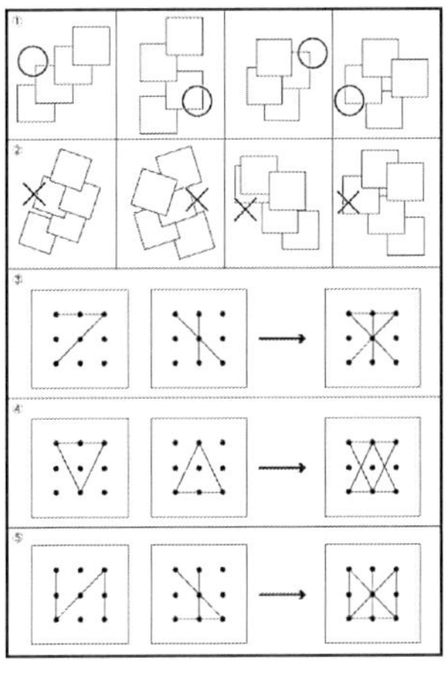

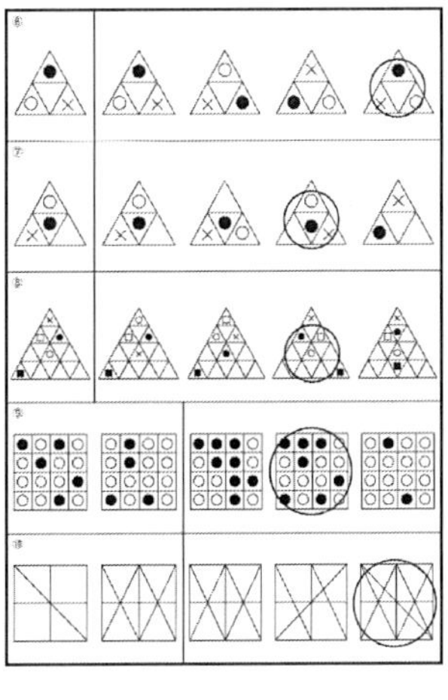

学習のポイント

問題①②は紙の重なり方を考える問題です。紙が折り重なっている様子を見た経験は、お子さまにもあるでしょうから、答えやすい問題かもしれません。ですが、問題③以降は重ね図形の問題です。単純に同じ形を重ねる問題だけではなく、図形を重ねてから反転した図形を探す問題もあるので、指示をよく聞き、考えてから解答するべきでしょう。重ね図形問題の解くポイントは「ぴったりと重なって、なくなる線や形はどの部分かを考える」ことです。それ以外は図形を重ねても、変化がないからです。なお、「裏返したもの（図形）はどれですか」という問いは、「鏡に映したもの（図形）はどれですか」という問いと同じ意味になります。勘のよいお子さまならすぐに気が付くかもしれませんが、ここでは特にポイントではないので、気が付かなくても特に問題はありません。

【おすすめ問題集】

★筑波大附属小学校図形攻略問題集①②★（書店では販売しておりません）
Ｊｒ・ウォッチャー35「重ね図形」

問題16　分野：図形（重ね図形・鏡図形）

観察　考え

〈準 備〉　クーピーペン（赤）

〈問 題〉　（問題16-１の絵を渡して）
①左上の☆のところを見てください。右の２つの絵は透き通った紙に書いてあります。この２つの絵を重ねて、左端のお手本と同じになるように、右端の絵の○を赤く塗ると、このようになりますね。では、同じようにほかの問題もやってみましょう。

（問題16-２の絵を渡して）
②左上の☆のところを見てください。右の２つの絵は透き通った紙に書いてあります。右端の絵を左側にパタンと倒して重ねると左端の絵と同じになりますね。それでは、それぞれの段で左端の絵と同じになるように右端の絵の○を赤く塗ってください。

〈時 間〉　①②各１分30秒

〈解 答〉　下図参照

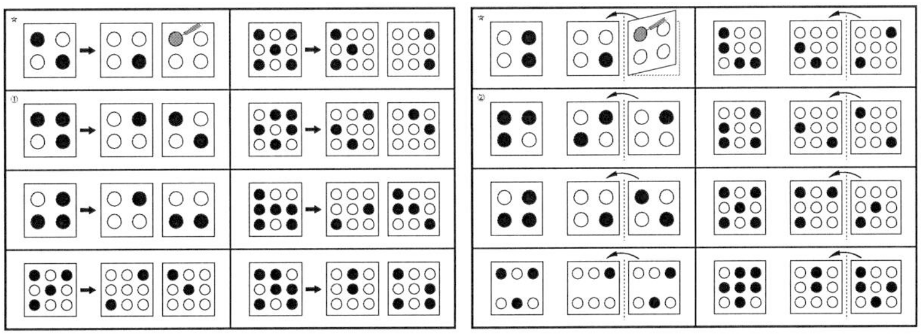

学習のポイント

①は重ね図形の基本的な問題です。まずは、２つの絵のうち、どちらの絵をどちらの絵に重ねるのかを指示を聞いて把握しておきましょう。そこで勘違いしてしまうと、混乱のもとです。できれば、問題ごとに重ねる絵と固定しておく絵を確認しておいてください。重ね図形問題のポイントは前述したように「（２つの図形が重なったら）変化・省略される部分を発見する」ことです。ここでは●に注目して問題を解いていくと効率がよいでしょう。２つの紙を重ねた時、どちらかに●があればその箇所は○があっても●になるからです。塗り忘れが怖いので、右上から塗り始め、左下で終わるといった自分なりのルールを決めておきましょう。②は前問と同じく、鏡図形と組み合わせた複合問題になっています。反転した時にどのような形になるかをイメージしてから、答えてください。

【おすすめ問題集】

★筑波大附属小学校図形攻略問題集★（書店では販売しておりません）
Ｊｒ・ウォッチャー35「重ね図形」

問題17　分野：図形（重ね図形・鏡図形）

観察　考え

〈準備〉　クーピーペン（赤）

〈問題〉　（問題17-１の絵を渡して）
①それぞれのマス目を太い真ん中の線で折ってそのまま右側に重ねた時、左側の○と●と◎がどこに入るか考えて、右の四角の中に印を書いてください。

（問題17-２の絵を渡して）
②それぞれのマス目を太い真ん中の線で折って右のマス目にぴったりと重ねた時、左側の黒い線はどのようになりますか。右側に書いてください。

〈時間〉　①②各１分30秒

〈解答〉　下図参照

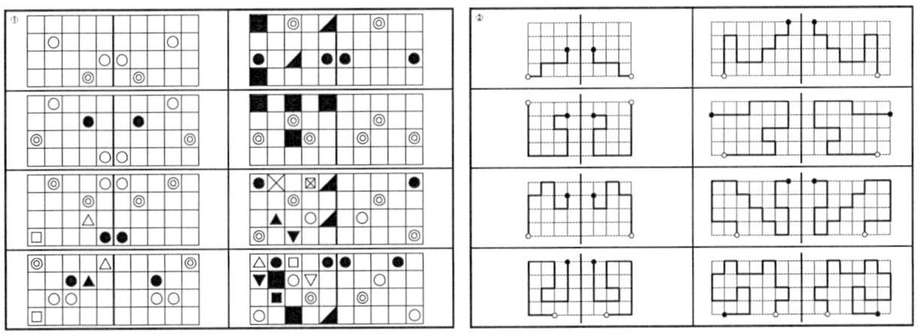

学習のポイント

連続しますが、重ね図形の問題です。記号の種類・数は多いですが、考え方は同じです。重ね図形問題を解く時のポイントに注意しながら、自分なりのルールで記号や線を記入していってください。当校入試の図形分野問題の最近の傾向として、①「重ね図形」と「鏡図形」の複合、といった複合問題が増えていること。②選択肢から選ぶのではなく、記号や線を記入する問題が増えていること。③内容がさらに複雑化していること。の３点が目に付きます。その意図にここでは触れませんが、こういった傾向に対応して合格レベルの結果を出すには、ある程度の準備が必要なってきます。過去問を解き、類題を解いて、量をこなすことはもちろん重要ですが、その時、その問題に対する考え方やポイントを学んでいるかを保護者の方はチェックするようにしてください。ハウツーや作業を覚えても応用力・思考力の育成には結びつかないからです。

【おすすめ問題集】

★筑波大附属小学校図形攻略問題集★（書店では販売しておりません）
Ｊｒ・ウォッチャー35「重ね図形」

問題18　分野：制作

聞く　創造

〈準備〉　紙皿（直径25cm程度）、厚紙（10×10cm程度）、折り紙、クレヨン、のり、ハサミ、ひも（40cm程度）、セロハンテープ、お手ふき
あらかじめ、問題18の見本を参考にして、上部に穴を２つ空けておく。
点線に沿って問題18の絵を切り離しておく。時計の針の部分はあらかじめ、形に沿って切り離しておく。

〈問題〉　時計を作りましょう。
好きな色の折り紙を手でちぎって、お皿に好きな模様になるようにのりで貼りましょう。次に時計の長い針と短い針をクレヨンで黒く塗りましょう。塗ったら厚紙にのりで貼ってください。のりが乾くまで、数字の①から⑫を形に沿ってハサミで切りましょう。切った数字を見本の絵を見ながら、同じようにのりで紙皿に貼ってください。厚紙に貼った長い針と短い針をハサミで形通りに切り取ってください。切り取ったらあなたが朝起きる時間に合わせて針をのりで付けましょう。貼った後取れないように中心をセロハンテープでしっかり留めてください。ひもを２つの穴に通してチョウチョ結びをしてでき上がりです。

〈時間〉　10分

〈解答〉　省略

学習のポイント

当校の制作問題はモニターに映し出されるお手本を見てから作業を行う形です。手順はかなり複雑ですが、時間もあまりないので、１回の説明で手順を覚えた方が余裕ができます。手順を小さな声で復唱するなど、工夫をしてみましょう。当校の制作問題で行う作業は、「紙をちぎる・折る・貼る」「ひもをチョウチョ結びにする」「色を塗る」です。制作物によってはほかの作業が入ることもありますが、メインとなるのはこれらの基本的な作業です。道具の扱いを含めて、一通り練習しておけば充分対応できるでしょう。なお、こうした課題の観点は、指示の理解と時間内の実行です。でき上がりについては、年齢相応の器用さがない、と判断されそうなほどひどいものでなければ、それほど気にする必要はありません。

【おすすめ問題集】

★筑波大附属小学校工作攻略問題集★（書店では販売しておりません）
実践 ゆびさきトレーニング①②③
Ｊｒ・ウォッチャー23「切る・貼る・塗る」

問題19　分野：行動観察

聞く　協調

〈準 備〉　さまざまな色や形の積み木（50個程度）、テーブル、用意した積み木が入る大きさの箱

〈問 題〉　**この問題の絵はありません。**

（この問題は５人程度のグループになって行う。１度に２グループが課題に取り組む。あらかじめ、テーブルの上に用意した箱を置き、その中に積み木を入れておく）

①これからみなさんには、積み木を高く積み上げてビルを作ってもらいます。どんな積み木の積み方をしても構いません。グループみんなで相談して、どのように積むか決めてください。３分経った時に、高く積み上がっていた方の勝ちです。
私（出題者）が合図をしたら積み出して、「やめ」と言ったらすぐにやめてください。

（積み木の競争を行い、勝ち負けを判定する）

②では、今度は私が合図したら、積んだ積み木を崩して片付けてください。１分しかありませんので、急いで片付けてください。

③では、２回戦を行います。今度は、同じ色の積み木を上に積み重ねてはいけません。工夫して高いビルを作りましょう。では、始めてください。

（１回目と同様にゲームを行い、勝ち負けを判定し、積み木を片付けさせる）

〈時 間〉　適宜

〈解 答〉　省略

学習のポイント

当校入試は運動→行動観察という順で行われますが、この２つは１つの行動観察の課題と考えてください。ですから、運動を終えて移動する時、行動観察の最初に５人のグループに別れる時も観察の対象です。保護者の方は、「指示を理解して守る」「協調性や積極性を発揮して行動する」といった基本は、常に評価されているという認識をお子さまに持たせるようにしてください。これは、神経質に「どのように観られているか」をお子さまに考えせるという意味ではありません。適度な緊張感を持つのはよいことですが、緊張しすぎると能力が発揮できないものです。当校の行動観察は、「指示が理解できない・守れない」「著しく協調性がない」といった当校が入学されると困る児童を発見するためのもので、児童の能力や情操を個別に評価するためのものではありません。悪目立ちしないようにふだん通りの行動をすればよいのです。

【おすすめ問題集】

Ｊｒ・ウォッチャー29「行動観察」、新口頭試問・個別テスト問題集

問題20　分野：お話の記憶

集中　聞く

〈準備〉　クーピーペン（赤・青・緑・黒・黄）

〈問題〉　これからするお話をよく聞いて、後の質問に答えてください。

クマくんは、お友だちのウサギさん、リスさん、キツネさんといっしょに、キャンプに行く約束をしました。キャンプ場まではバスで行くので、待ち合わせ場所はバス停の前にしました。キャンプに行く日、クマくんは早起きをして、荷物を持って出かけました。バス停に着くと、ウサギさんとリスさんが先に来ていました。「おはよう、ウサギさん。キツネさんはどうしたの？」「おはよう。まだ来てないよ」クマくんたちが話していると、キツネさんがやってきました。「ごめんね、遅くなっちゃった」「いいよ、僕もさっき来たばかりだよ」クマくんはキツネさんに向かって、にっこりと笑いました。しばらくするとバスがやってきました。いよいよ、キャンプ場に出発です。
クマくんたちは、バスに乗って森にやってきました。ここからキャンプ場までは、道路がないので、歩かなくてはいけません。クマくんたちは、荷物を背負って、森の中を歩き始めました。森の中では、たくさんのセミが鳴いています。「たくさんいるね。そうだ、何匹か捕まえていこう」キツネくんはそう言って、荷物の中から虫取り網を取り出し、セミを捕まえ始めました。キツネくんはあっという間にセミを４匹捕まえて、虫カゴの中に入れました。それから先に進むと、お友だちのタヌキくんが家族といっしょにいるのを見つけました。「こんにちは、タヌキくん」とクマくんがあいさつをすると、タヌキくんはびっくりしました。「こんにちは。クマくんもキャンプに来てたんだ」「そうだよ。キャンプ場までいっしょに行こう」
タヌキくんといっしょに森の中を進むと、キャンプ場に着きました。キャンプ場には青いテントが２つ、赤いテントが３つありました。クマくんたちは、そのテントから少し離れたところに、自分たちの黄色いテントを張りました。それから、それぞれ持ってきた材料を使って、ごはんを作ることにしました。クマくんはカボチャを、ウサギさんは肉を、リスさんはタマネギを、キツネさんはニンジンを切って、鍋に入れました。そのほかにもさまざまなものを入れて、しばらく煮込むと、おいしい夏野菜カレーの完成です。みんなでいっしょに作って食べたカレーは、とてもおいしくできました。

（問題20の絵を渡す）

①クマくんたちが森の中を歩いている途中に出会った動物は誰ですか。選んで、赤で○をつけてください。
②お話の季節と同じものを選んで、緑で○をつけてください。
③キツネくんはセミを何匹捕まえましたか。その数だけ黒で○を書いてください。
④お話の中に出てこなかったものを選んで、青で○をつけてください。
⑤お話に出てきたものを選んで、黒で○をつけてください。
⑥クマくんたちがキャンプ場に着いた時、赤色のテントはいくつありましたか。その数だけ、○を赤で塗ってください。
⑦クマくんたちのテントは何色ですか。その色で○を塗ってください。

〈時 間〉　各15秒

〈解 答〉　①右端（タヌキ）　②左端（海水浴・夏）　③○：４
④左から２番目（ナス）　⑤右から２番目（バス）　⑥○：３　⑦○：黄色

学習のポイント

当校のお話の記憶の問題は、長文かつ問題数も多いので、内容を効率よく記憶しないとスムーズに解答できません。だからと言って、展開だけを追って話を聞いているとお話に登場するものの色や形、個数など内容の細かい点を聞き逃してしまいます。効率よく対応するには、本問のような当校の出題を意識した類題を解きながら、「誰が」「どのような」「何を」「どうした」を１つのシーンとしてイメージすることです。この問題で言えば、「クマくん」「黄色いテント」「赤色のテントが周りに３つ」とバラバラに覚えるよりは「クマくんが黄色いテントを建ている。その周りに赤色のテントが３つある」という光景をイメージした方が記憶しやすいということになります。保護者の方にとっては、こうしたお話の聞き方は当然と思われるかもしれませんが、慣れていないお子さまは、ストーリーを追うので精一杯、というのが普通かもしれません。当校の出題パターン慣れつつ、バラバラに覚えるのではなく、イメージとしてお話の出来事を効率よく覚えていきましょう。

【おすすめ問題集】

★筑波大附属小学校　新・お話の記憶攻略問題集★（書店では販売しておりません）
１話５分の読み聞かせお話集①・②、お話の記憶 初級編・中級編・上級編、
Ｊｒ・ウォッチャー19「お話の記憶」、34「季節」

問題21　分野：お話の記憶

集中　聞く

〈準備〉　クーピーペン（赤・青・緑・黒・黄）
問題の絵はお話を読み終わってから渡す。

〈問題〉　これからするお話をよく聞いて、後の質問に答えてください。

さきちゃんは、お父さん、お母さん、お姉さんといっしょに動物園に行きました。さきちゃんはお気に入りの花柄の服と、スカートを履いて出かけました。家族みんなでお父さんの運転する車に乗ったら、動物園へ出発です。車に乗っている間、さきちゃんはわくわくしながら窓の外を見ていました。
しばらくして、さきちゃんたちは動物園に着きました。動物園の入口の近くには、きれいなサクラが咲いていました。動物園に入って、最初に見たのはキリンです。キリンは首が長いので、遠くからでもよく見えました。次はオウムを見ました。さまざまなオウムがいましたが、その中でもさきちゃんのお気に入りは、大きな赤いオウムでした。次はパンダを見に行きました。お母さんはパンダが大好きで、お父さんに写真を撮ってもらいました。パンダといっしょの写真が撮れて、お母さんはご機嫌で、ニコニコ笑っていました。
お昼になったので、みんなでレストランに入りました。注文したのはスパゲティです。それに、さきちゃんはイチゴを、お姉さんはリンゴを、お母さんはモモを食べました。お昼ごはんを食べた後は、「動物ふれあいコーナー」に行きました。さきちゃんがウサギのオリに入ると、5匹のウサギがさきちゃんの足元に集まってきました。さきちゃんが恐る恐るウサギに触ってみると、とても温かくてふわふわしていました。さきちゃんは思わずニッコリしました。
そうして遊んでいるうちに、辺りは暗くなってきました。そろそろ帰る時間です。さきちゃんもお姉さんも、遊び疲れていたので、帰りの車の中で眠ってしまいました。

（問題21の絵を渡す）
①さきちゃんの服装はどれですか。絵の中から選んで、緑で○をつけてください。
②さきちゃんがお昼に食べたものを選んで、青で○をつけてください。
③お話に出てきたウサギは何匹ですか。その数だけ、赤で○を塗ってください。
④さきちゃんのお気に入りのオウムは何色ですか。その色のクーピーペンで○を塗ってください。
⑤パンダと写真を撮っていた時、お母さんはどんな顔をしていましたか。絵の中から選んで、黒で○をつけてください。
⑥動物園に入って最初に見た動物はどれですか。絵の中から選んで赤で○をつけてください。
⑦お話と同じ季節のものを選んで、青で○をつけてください。

〈時間〉　各15秒

〈解答〉　①左から2番目　②右端　③○：5　④赤色　⑤左端
⑥右から2番目（キリン）　⑦左端（こいのぼり）

学習のポイント

当校のお話の記憶の問題は、１つのお話につき６～８問の出題の中で、お話とは直接関係のない数量や常識分野の問題が１つ出題されるというパターンがほとんどです。中でも「お話の季節と同じ季節を表すものに○をつける」といった形で「季節」を問うことが多いのです。これはある意味正解しやすい問題と言えるでしょう。あらかじめ学習しておけば、答えに困ることはないからです。しかし、この問題のように数量や色に関する問題は、お話の流れを押さえながらでないと把握できませんから、お話の流れを意識することとあわせて「大きな赤いオウム」「ウサギが５匹」と覚えないと制限時間内に答えるのは難しいはずです。ハウツーとしては、登場人物やものが話にいくつも登場した時はそれぞれを注意して記憶するということになりますが、そこに注目するあまり、お話のほかの部分の記憶が疎かになってしまうと本末転倒です。当校の出題形式に慣れるまでは、前問のポイントで述べたようにお話のシーンをイメージしながら出来事を把握した方がよいでしょう。

【おすすめ問題集】

★筑波大附属小学校　新・お話の記憶攻略問題集★（書店では販売しておりません）
１話５分の読み聞かせお話集①・②、お話の記憶 初級編・中級編・上級編、
Ｊｒ・ウォッチャー19「お話の記憶」、34「季節」

問題22　分野：図形（点対称）

観察　考え

〈準 備〉　クーピーペン（黒）

〈問 題〉　左上の絵を見てください。左側の絵を左右反対にすると、右側の絵のようになります。では、ほかの絵も同じように、左側の形を左右反対にした形を、右側に書いてください。

〈時 間〉　２分

〈解 答〉　下図参照

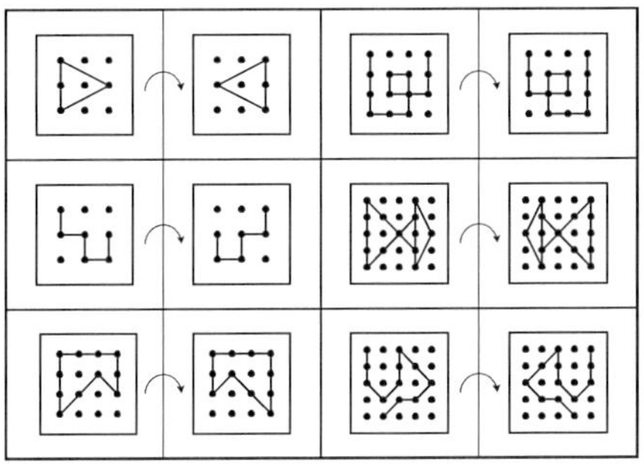

学習のポイント

当校の図形問題は、問題数が多く、時間が短いため、１つひとつの作業を素早く正確に行うことが求められています。こうした課題への対策の基本は、それぞれの問題の考え方を理解した上で類題演習を繰り返すことです。また、図形のさまざまな分野を組み合わせて出題されることが多いので、解き方のテクニックやハウツーではなく、図形に対する感覚をみがき、本質的な学力をつけようという姿勢で臨むことも、できれば考えておきたいところです。本問は、点線図形の形式で図形の対称についてたずねた問題です。なお、解答であるお手本の図形を左右反転させた形を書く時には、まずお手本の左上の点（またはその近くの点）を始点と決めて、解答用紙の右上の位置にある点（または始点に対応する点）にペンを置きます。次に、その点から、お手本にしたがって線を引きます。上下の移動はそのままですが、左右の移動の際には、右と左を逆にしてペンを動かします。解答用紙には点が描かれているので、それを利用して位置を確認しながら線を書いてください。対応関係を間違えないように、線を１本引くごとに確認しながら進めていくようにするとよいでしょう。

【おすすめ問題集】

★筑波大附属小学校図形攻略問題集★（書店では販売しておりません）

Ｊｒ・ウォッチャー１「点・線図形」、８「対称」、48「鏡図形」

問題23　分野：図形（展開）

観察　考え

〈準備〉　クーピーペン（黒）

〈問題〉　**この問題の絵は縦に使用してください。**
左端の折り紙を点線の部分で切ってから開くと、どのような形になりますか。右側の中から選んで○をつけてください。

〈時間〉　２分

〈解答〉　①右から２番目　②左端　③左から２番目　④右から２番目　⑤右端

学習のポイント

このような展開の問題では、２つに折った紙の１部分を切り抜いて、その紙をもう１度開くという形が多いようです。この種の問題は紙を開いた時に、切り抜いた形がどの位置にもう１つできるのかをイメージすると、解答がしやすくなります。具体的には、「紙を開いた時に、切り抜いた形は大きな形になるのか、それとも、同じ形のまま２つに分かれるのか」と意識しながら答えることです。着眼のポイントは、紙を折った時の折り目です。折り目の上を通って切り抜かれた形は、元の形を２つ組み合わせた大きな形になり、折り目の上を通らない形は同じ形のまま２つに分かれます。この点を理解できていると、紙を開いた時の形が想像しやすくなるでしょう。ふだんの学習では、展開した時にどのような形になるかを頭に思い浮かべ、実際に紙を開いた時に、予想通りの形になったか（あるいはならなかった）ということを確認しながら練習を進めてください。この練習を繰り返して、展開後の形が思い浮かべられるようになると、問題の正答率も上がるはずです。

【おすすめ問題集】

★筑波大附属小学校図形攻略問題集★（書店では販売しておりません）
Ｊｒ・ウォッチャー５「回転・展開」

問題24　分野：図形（展開・回転図形）

観察　考え

〈準備〉　クーピーペン（黒）

〈問題〉　**この問題の絵は縦に使用してください。**
１番上の段を見てください。折り紙を切ってから開き、１回右に回します。すると、１番右のような形になります。では、ほかの折り紙も同じように切って開いてから１回右に回すと、どのような形なりますか。右から選んで、○をつけてください。

〈時間〉　２分

〈解答〉　①右端　②左から２番目　③右から２番目　④左から２番目

学習のポイント

展開と回転図形を組み合わせた問題です。折り紙を開いた後で回転させるため、頭の中で２つの形をイメージしなければならない複雑な問題と言えるでしょう。基本的な解き方は、まず折り紙を開いた時の形を頭に浮かべます。次に、その形を右に回転させた時の形を探します。折り紙を開いた時の形が何となくでもイメージできれば、回転した後の形を見つけることは、それほど難しくないでしょう。例えば①では、折り紙を開くと、中央上段に「◆」、下段に「●」が縦に並びます。この形を１回右に回すと、「◆」が右に、「●」が左に並ぶ形になり、右端の絵が正解とわかります。まずは展開した時の形を見つけることを意識して問題に取り組んでください。なお、小学校受験の回転図形の問題では、図形を１回右に回すという指示は、図形を90度回転させるという意味になります。

【おすすめ問題集】

★筑波大附属小学校図形攻略問題集★（書店では販売しておりません）
Ｊｒ・ウォッチャー５「回転・展開」、46「回転図形」

問題25　分野：図形（重ね図形）

観察　考え

〈準 備〉　クーピーペン（黒）

〈問 題〉　左側に、いくつかの図形を重ねた形があります。この中で使われていない図形を右側から探して、○をつけてください。

〈時 間〉　２分

〈解 答〉　①右から２番目　②左から２番目　③右から３番目　④右から３番目

学習のポイント

いくつかの図形を重ねた時に、使われていない形を選ぶ問題です。こういった問題は、お手本にある図形を上から順番に確認し、選択肢と照らし合わせて判断するのが基本的な解き方です。ここでは下の図形が、上の図形にその一部を隠されていることが、形の判断を難しくしています。見落としや勘違いをしないように、１つひとつの形の特徴的な部分をよく見ながら、すべての選択肢を確認してください。本問は次の問題の重ね図形と絵が非常に似ていますが、図形の上下の位置が問われている問題ではありません。また、当校の図形の問題は問題数が多いため、時間内にすべての問題を解ききれないことも多いようです。すべての問題を解き終えようとして急ぐあまり、絵だけを見て重ね図形と思い込んでしまわないように注意してください。

【おすすめ問題集】

★筑波大附属小学校図形攻略問題集★（書店では販売しておりません）
Ｊｒ・ウォッチャー35「重ね図形」

問題26　分野：図形（重ね図形）

観察　考え

〈準 備〉　クーピーペン（黒）

〈問 題〉　左側に、いくつかの図形を重ねた形があります。この中で、1番下にある図形はどれですか。右側から探して、○をつけてください。

〈時 間〉　2分

〈解 答〉　①右から2番目　②左から2番目　③右端　④左から3番目

学習のポイント

重ね図形の問題です。透明な紙に描かれた図形を重ねる当校ではよく見られる形式ではなく、いくつかの図形を重ねて、その上下の関係を問う形式の問題となっています。1番上の図形は形全体が見えていて、その下にある図形は形の一部が上の図形に隠されているということを、基本事項として理解しておくとよいでしょう。例えば①では、○を2個つなげた形は形全体が見えているので1番上にあります。また、真四角は、○を2個つなげた形によって一部が隠されていますが、ほかの形には隠されていませんので2番目の位置です。同様に三角形、長四角、大きい○を見ていくと、大きい○が1番下にあるとわかります。このように図形を順番に見ていくと、ほかの図形を隠していないものが1番下の図形とわかり、②以降はこの考え方を応用すれば、効率よく見つけることができるようになります。なお、重ね図形の過去の出題パターンとしては、1番下の図形を見つける問題のほかに、1番上や、上から～番目の形を見つけるというものもありました。ふだんの練習では、すべての形の順番を確認した上で指定された位置を答えるようにするとよいでしょう。

【おすすめ問題集】

★筑波大附属小学校図形攻略問題集★（書店では販売しておりません）
Ｊｒ・ウォッチャー35「重ね図形」

問題27　分野：制作

聞く　創造

〈準 備〉　ハサミ、のり、クーピーペン（８色）、ひも
あらかじめ、問題27－１と27－２のイラストの黒丸の部分に、パンチで穴を開けておく。

〈問 題〉　**この問題は絵を参考にしてください。**
これからチョウチョとお花畑の絵を作ります。

①（問題27－１の絵を渡す）左側の四角を、線に沿ってハサミで切り取ってください。
②右側の羽根を、外側の太線に沿って手でちぎってください。
③ちぎった羽根を、切り取った絵にのりで貼り付けて、チョウチョの羽根にしてください。
④（問題27－２の絵を渡す）太陽を黄色のクーピーペンで塗ってください。
⑤チョウチョの絵が描いてある紙と、太陽が描いてある紙の穴を重ねて、そこにひもを通し、蝶結びにしてください。
⑥絵の下の部分に、できるだけ沢山の花を描いて、お花畑にしてください。

〈時 間〉　10分

〈解 答〉　省略

学習のポイント

当校では各グループ男女別で異なる課題出題されますが、作業自体は共通しています。具体的には「手で（紙を）ちぎる」「色を塗る」「貼る」といった作業です。このうち、「ちぎる」という作業は経験がないとうまくいかないので、当校の過去問や本問のような類題の課題を実際に制作して経験を積んでおきましょう。また、当校の制作問題は制限時間が短く、最後まで作業が終わらない受験生も例年多く見受けられるようです。時間の制限については「～分で作ってください」という明確なものはないようですから、どんなものでも10分程度を目安に、各作業にかける時間をあらかじめ決めておいて作業に入るようにしてください。ていねいに１つひとつの作業をこなしていくことは大前提ですが、あまりにも作業が進んでいないと「要領が悪い」という評価を受けかねませんから、注意しておきましょう。

【おすすめ問題集】
★筑波大附属小学校工作攻略問題集★（書店では販売しておりません）
実践 ゆびさきトレーニング①②③
Ｊｒ・ウォッチャー23「切る・貼る・塗る」

問題28　分野：お話の記憶

集中　聞く

〈準備〉　クーピーペン（赤・青・緑・黒・黄）
問題の絵はお話を読み終わってから渡す。

〈問題〉　これからするお話をよく聞いて、後の質問に答えてください。

ある、よく晴れた日のことです。カエルさんが朝起きると、窓の外から陽の光が差していました。「よく晴れてるなあ。外は暖かそうだ。よし、今日は散歩に出かけよう」カエルさんはそう言うと、朝ごはんを食べて、着替えてから、家の外に散歩に出かけました。お気に入りの黄色い靴を履いて外に出ると、白いチョウチョが飛んできて、カエルさんの鼻にとまりました。カエルさんは、くすぐったくなって、フフッと笑うと、チョウチョはどこかへ飛んでいきました。カエルさんが少し歩くと、道端にタンポポが咲いているのが見えました。ほかにも、あちこちに花が咲いていて、とてもきれいな光景でした。

カエルさんが花を見ながら歩いていると、道の向こうからクマさんがやってきました。クマさんは、「こんにちは、カエルさん。久しぶりだね」とあいさつしました。カエルさんも、「こんにちは、クマさん」とあいさつをしました。「カエルさんはこれからどこに行くんだい？」とクマさんが聞いてきたので、カエルさんは、「散歩だよ。山の方まで行こうと思ってるんだ」と答えました。するとクマさんは、「山かあ。そういえばこの前、ウサギさんといっしょに遊んだね」と言いました。ウサギさんは、クマさんとカエルさんのお友だちです。サッカーをしたり、いっしょにカブトムシを捕ったりして、何度も遊んだことがあります。カエルさんは、「クマさんも山まで行かない？」と誘いましたが、クマさんは、「これから八百屋さんまでおつかいに行かなくちゃいけないんだ。ジャガイモとニンジンとタマネギを買ってくるんだよ」と答えました。カエルさんは、「それじゃあしょうがないな。おつかい、がんばってね」と言い、手を振って別れました。

それから、カエルさんは山に登りました。山に入ると、タケノコがたくさん生えていました。カエルさんはうれしくなって、タケノコを５つも採って帰りました。その途中で、カエルさんはお友だちのキツネさんの家の前を通りました。「そうだ、キツネさんにもタケノコを分けてあげよう」そう思ったカエルくんは、キツネさんの家のドアをノックしました。「ごめんください、キツネさん」キツネさんが、カエルさんの声を聞いて、家の中から出てきました。「やあ、カエルさん。どうしたんだい？」「山でタケノコを採ってきたから、キツネさんにあげようと思ったんだ」カエルさんはそう言って、キツネさんにタケノコを３つ渡しました。キツネさんはニッコリ笑って、「ありがとう！　ちょっと待っててね」と言って、家の中に入りました。戻ってくると、シチューの入った鍋を持っていました。「庭で採れた野菜を使ったシチューだよ。持って帰って食べてよ」「ありがとう、キツネさん」カエルさんはキツネさんから鍋を受け取って、お家に帰りました。

(問題28の絵を渡す)
①お話に出てきたものを選んで、青のクーピーペンで○をつけてください。
②このお話と同じ季節のものに赤のクーピーペンで○をつけてください。
③カエルさんの靴と同じ色のクーピーペンで、○を塗ってください。
④カエルさんはキツネさんにタケノコをいくつ渡しましたか。その数だけ、緑のクーピーペンで○を書いてください。
⑤クマさんがおつかいで買ってくるように頼まれていないものを選んで、赤のクーピーペンで○をつけてください。
⑥タケノコをもらった時、キツネさんはどんな顔をしたと思いますか。絵の中から選んで、青のクーピーペンで○をつけてください。

〈時間〉　各15秒

〈解答〉　①左から２番目（チョウチョ）　②右から２番目（ツクシ）　③黄色
④○：３　⑤右端（ナス）　⑥左端

学習のポイント

当校のお話の記憶の問題は、男女、グループを問わず、長いお話が出題されることが特徴です。解答にはクーピーペンを使いますが、それぞれの設問で使用する色が違うので、設問を最後までしっかり聞き取り、適切な色で解答しましょう。例年、質問内容はさまざまな分野から出題されます。お話の中に直接答えが出てこない問題もあるので、お話を聞く力だけでなく、お子さまの知識や思考力も必要です。お話の記憶の練習だけでなく、身の回りの物事に対する知識も教えてください。知識を教える時は、ただ頭ごなしに教えて詰め込むのではなく、お子さまが興味を持った時に、詳しく教えてあげると効果的です。その際、言葉だけでなく、図鑑や映像メディアなども併用すると、楽しく学べるようになります。

【おすすめ問題集】

★筑波大附属小学校　新・お話の記憶攻略問題集★（書店では販売しておりません）
1話5分の読み聞かせお話集①・②、お話の記憶 初級編・中級編・上級編
Ｊｒ・ウォッチャー19「お話の記憶」、34「季節」

問題29　分野：お話の記憶

集中　聞く

〈準備〉　クーピーペン（赤・青・緑・黒・黄）
問題の絵はお話を読み終わってから渡す。

〈問題〉　これからするお話をよく聞いて、後の質問に答えてください。

今日はイヌくんのお家でクリスマスパーティーを開く日です。イヌくんは、朝からモミの木を飾り付けたり、お母さんといっしょにお菓子を作ったりして、みんなを迎える準備をしていました。お昼過ぎになると、最初にウサギさんがイヌくんのお家にやってきました。少しすると、雨が降ってきました。ウサギさんは、「私、傘を持ってきてないの。帰る時どうしよう」と言いました。イヌくんは、「ぼくの傘を貸してあげるよ」と言いました。しばらくすると、タヌキくんがやってきました。タヌキくんは赤い傘をさしていました。その後、少し遅れてネコさんがやってきました。ネコさんは青い傘をさしていました。

お友だちがみんな揃ったので、楽しいパーティーの始まりです。まずはクイズ大会です。みんなが考えてきたクイズに１番多く答えられた子が勝ちです。最初にタヌキくんが、「海に住んでいて、足が８本もある生きものはなーんだ？」とクイズを出しました。すると、ネコさんが、「わかった！タコだ！」と言いました。次に問題を出したのはウサギさんです。「夏に採れる野菜で、外側も内側も赤いものってなーんだ？」と言いました。イヌくんは、「スイカ？」と答えましたが、ウサギさんは、「残念、ハズレです」と言いました。それからしばらくクイズ大会を続けました。１番多く答えられたのはネコさんでした。

次に、プレゼント交換をしました。イヌくんたちは、持ってきたプレゼントをあみだくじで交換しました。イヌくんが箱を開けると、縞模様のマフラーが入っていました。「それ、僕が持ってきたプレゼントだ！」と、タヌキくんは言いました。イヌくんは、「タヌキくん、ありがとう！」とお礼を言いました。ネコさんは赤い手袋を、ウサギさんは星の模様が入った帽子を、タヌキくんは魚の絵が入ったシャツをもらいました。

しばらくみんなで遊んでいると、イヌくんのお母さんが晩ごはんを作ってくれました。晩ごはんは、唐揚げ、ピザ、サラダ、そしてクリスマスケーキでした。どの料理も美味しくて、タヌキくんは唐揚げを６つも食べました。晩ごはんを食べてお腹いっぱいになった頃には、帰る時間になっていました。外はまだ雨が降っていたので、イヌくんは約束通り、ウサギさんに黄色い傘を貸してあげました。

（問題29の絵を渡す）

①イヌくんのお母さんが晩ごはんに作ってくれたものを選んで、赤のクーピーペンで○をつけてください。
②イヌくんがもらったマフラーの模様はどれですか。青のクーピーペンで○をつけてください。
③ウサギさんのなぞなぞの答えはどれですか。黄色のクーピーペンで○をつけてください。
④ネコさんたちが帰る時、天気はどうなっていましたか。黒のクーピーペンで○をつけてください。
⑤お話の季節と同じものを選んで緑のクーピーペンで○をつけてください。
⑥ネコさんが持ってきた傘は何色でしたか。その色のクーピーペンで○を塗ってください。

〈時間〉　各15秒

〈解答〉　①右端（唐揚げ）　②左端　③左から２番目（トマト）　④右から２番目（雨）
⑤左から２番目（スキー）　⑥青色

学習のポイント

お話の記憶で出される質問は、男女及びグループによって違うものが出題されますが、例年の傾向はある程度共通しています。特に近年は、多くのグループで「色」と「季節」に関する問題が出題されています。色に関する問題に解答する際は、同じ色のクーピーペンで○を塗り潰して答えるので、塗り絵遊びなどで練習しておくのがおすすめです。季節に関する問題は、お話の中に出てくるものが、季節を知るヒントになります。試験本番までに、お話の中に出てきた内容をもとにして、季節を想像できるようになっているとよいでしょう。また、本年度は、お話の中で出されたなぞなぞについて答えるという質問が出されました。お話を聞いて言葉を覚えながら、それらから連想できるものや、お話の中に出てきた質問の答えに気を配れるぐらい、聞くことに慣れておきたいところです。

【おすすめ問題集】

★筑波大附属小学校　新・お話の記憶攻略問題集★（書店では販売しておりません）
1話5分の読み聞かせお話集①・②、お話の記憶 初級編・中級編・上級編
Ｊｒ・ウォッチャー19「お話の記憶」、34「季節」

問題30　分野：図形（重ね図形・対称）

観察　考え

〈準備〉　クーピーペン（黒）

〈問題〉　**この問題の絵は縦に使用してください。**

1番上の絵を見てください。左側の絵は透明な紙に書かれていますが、黒く塗り潰された部分は透明ではありません。この絵を、真ん中の太い線で、矢印の方向にたたんだ時に見える記号を書くと、右側の絵のようになります。では、ほかの絵も同じように、左側の絵を畳んだ時に見える記号を、右側に書いてください。

〈時間〉　2分

〈解答〉　下図参照

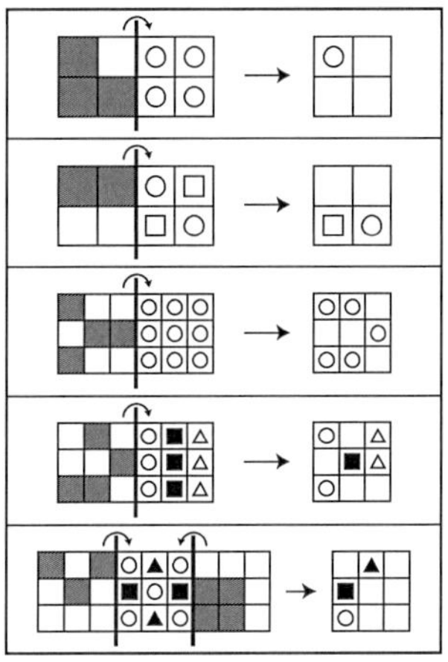

学習のポイント

当校の図形の問題は、いくつかの分野が組み合わさった問題が出題される傾向があります。例えば本問は、2つの絵を重ねた時の見え方を答える「重ね図形」の問題ですが、同時に、片方の絵を反転させるため、「対称」や「鏡図形」の問題でもあります。実際の試験では20問前後が1度に出題されるため、こうした複雑な図形操作を、短い解答時間の中で行わなければいけません。図形の動きを一目で理解するために、ご家庭で類題に取り組み、図形を頭の中で動かす感覚を身に付けてください。これらの応用問題では、問題を解くための方法、ハウツーを覚えるだけでは解答できません。はじめのうちは時間を気にせずに、理解できるまでじっくり問題を解き、図形への基本的な理解を深めていきましょう。多くの問題に取り組む集中力も必要です。

【おすすめ問題集】

★筑波大附属小学校図形攻略問題集★（書店では販売しておりません）
Ｊｒ・ウォッチャー8「対称」、35「重ね図形」

筑波大学附属小学校　専用注文書

年　　月　　日

合格のための問題集ベスト・セレクション

＊入試頻出分野ベスト３

1st　お話の記憶

集中力　聞く力　知識

2nd　図　形

観察力　思考力

3rd　制　作

観察力　集中力　巧緻性

お話の記憶は、お話が長く、設問も多いことが特徴です。図形は、難しい上に問題数も多いので、時間内に解き終えるための正確さとスピードが求められます。量と質を両立させる学習をめざしましょう。

分野	書　名	価格(税抜)	注文	分野	書　名	価格(税抜)	注文
総合	2021年度版筑波大学附属小学校 過去問題集	2,000円	冊	図形	Ｊｒ・ウォッチャー2「座標」	1,500円	冊
記憶	筑波大学附属小学校 新 お話の記憶攻略問題集	2,500円	冊	図形	Ｊｒ・ウォッチャー6「系列」	1,500円	冊
図形	筑波大学附属小学校 図形攻略問題集①	2,500円	冊	図形	Ｊｒ・ウォッチャー8「対称」	1,500円	冊
図形	筑波大学附属小学校 図形攻略問題集②	2,500円	冊	図形	Ｊｒ・ウォッチャー9「合成」	1,500円	冊
巧緻性	筑波大学附属小学校 工作攻略問題集	2,500円	冊	図形	Ｊｒ・ウォッチャー35「重ね図形」	1,500円	冊
総合	新 筑波大学附属小学校 集中特訓問題集	2,500円	冊	図形	Ｊｒ・ウォッチャー45「図形分割」	1,500円	冊
総合	筑波大学附属小学校 想定模擬テスト問題集	2,500円	冊	図形	Ｊｒ・ウォッチャー46「回転図形」	1,500円	冊
総合	筑波大学附属小学校 ラストスパート	2,000円	冊	図形	Ｊｒ・ウォッチャー47「座標の移動」	1,500円	冊
作文	保護者のための筑波大学附属小学校作文対策	2,000円	冊	図形	Ｊｒ・ウォッチャー54「図形の構成」	1,500円	冊
					お話の記憶問題集 上級編	2,000円	冊
					実践 ゆびさきトレーニング①②③	2,500円	冊
					新 口頭試問・個別テスト問題集	2,500円	冊
					小学校受験で知っておくべき125のこと	2,600円	冊
					新 願書・アンケート文例集500	2,600円	冊

※上記商品の中には、書店では販売していないものもございます。
オンラインショップ、またはお電話・FAXでお申込ください。

合計	冊	円

（フリガナ） 氏　名	電　話 ＦＡＸ E-mail
住 所　〒　　　－	以前にご注文されたことはございますか。 有　・　無

★お近くの書店、または記載の電話・FAX・ホームページにてご注文をお受けしております。
電話：03-5261-8951　FAX：03-5261-8953　代金は書籍合計金額＋送料がかかります。
※なお、落丁・乱丁以外の理由による商品の返品・交換には応じかねます。
★ご記入頂いた個人に関する情報は、当社にて厳重に管理致します。なお、ご購入の商品発送の他に、当社発行の書籍案内、書籍に関する調査に使用させて頂く場合がございますので、予めご了承ください。

日本学習図書株式会社
http://www.nichigaku.jp

問題1

①

②

③

④

⑤

⑥

日本学習図書株式会社

問題2

①

②

③

④

⑤

⑥

問題3

①

②

③

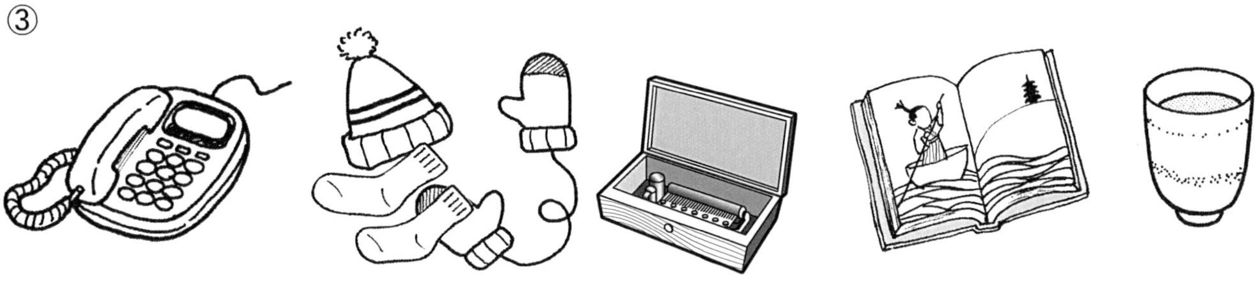

④

⑤

⑥

日本学習図書株式会社

問題 4

③

④

⑤

①

②

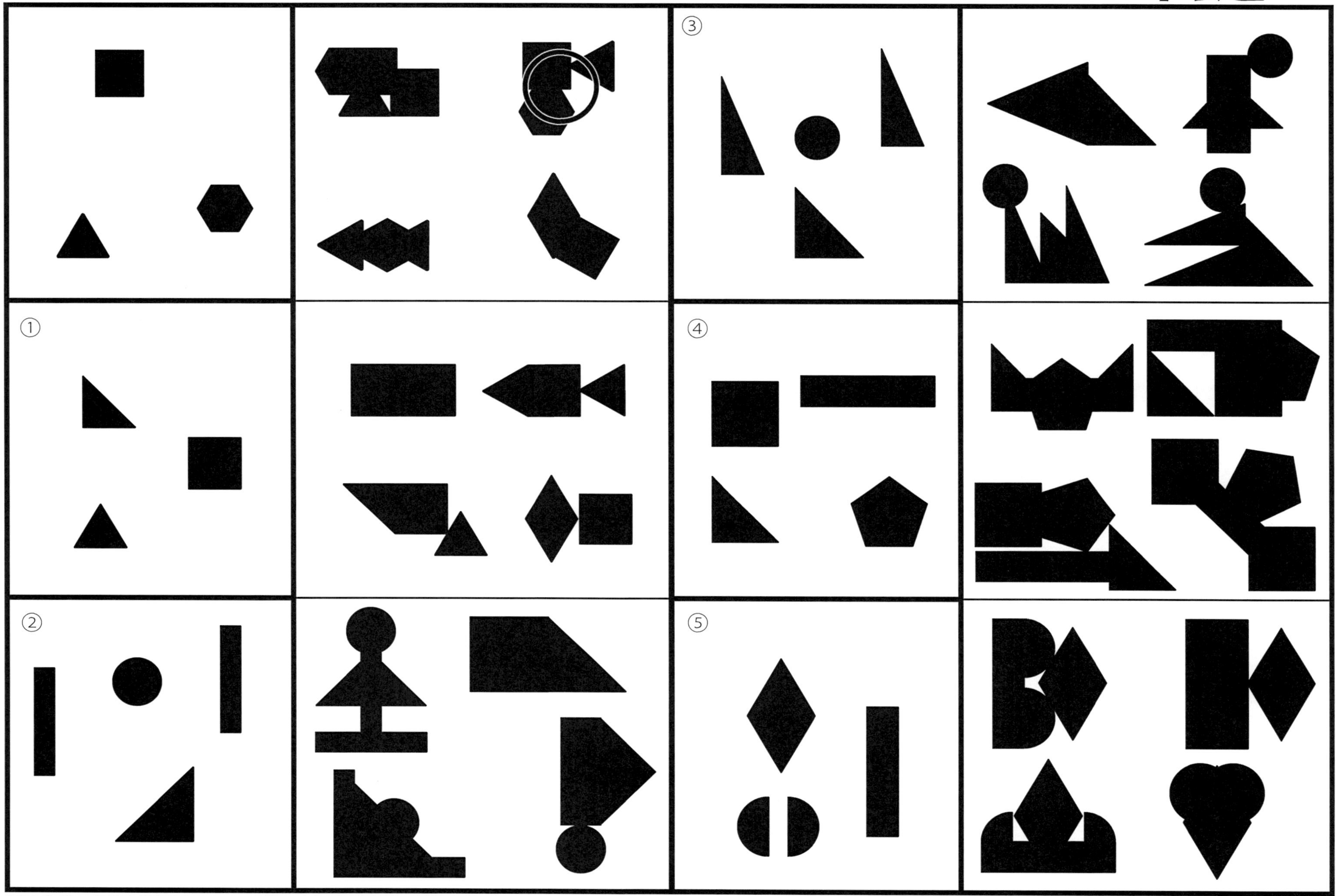

2021年度 筑波大学附属 ステップアップ 無断複製／転載を禁ずる 日本学習図書株式会社

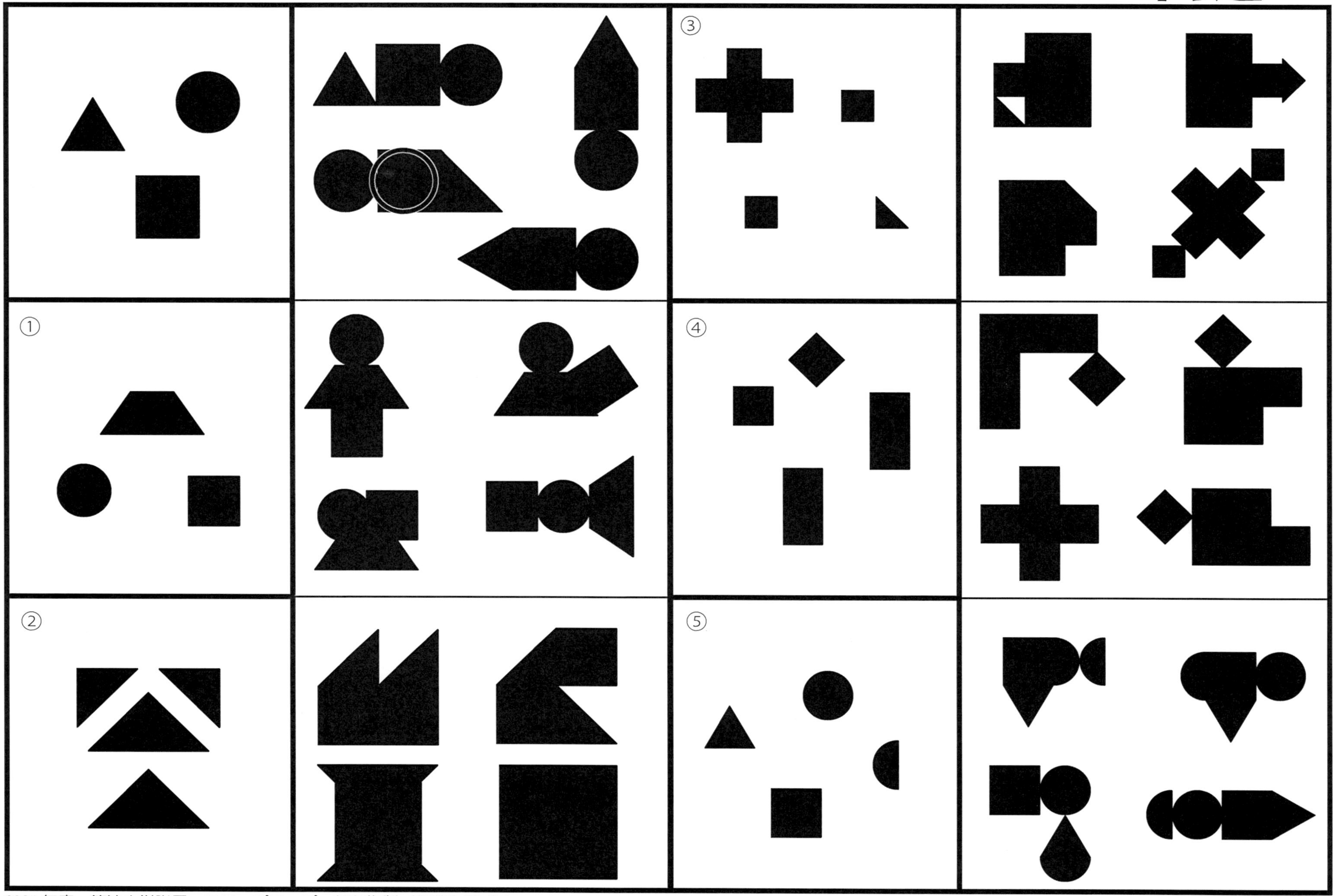

問題6

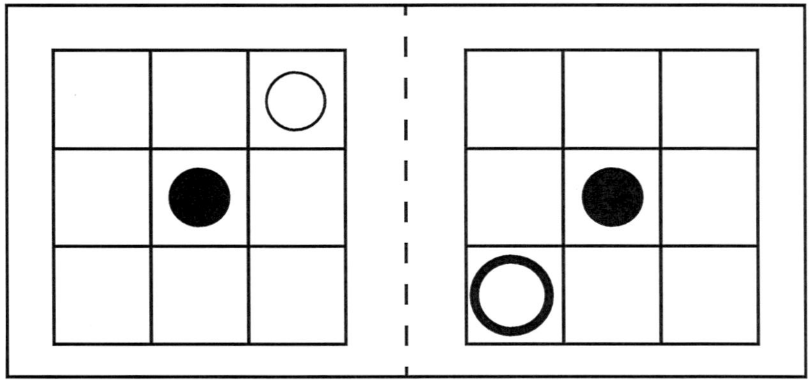

①

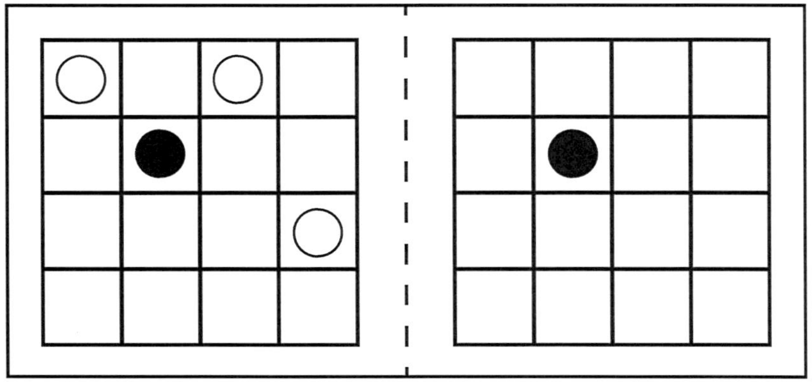

②

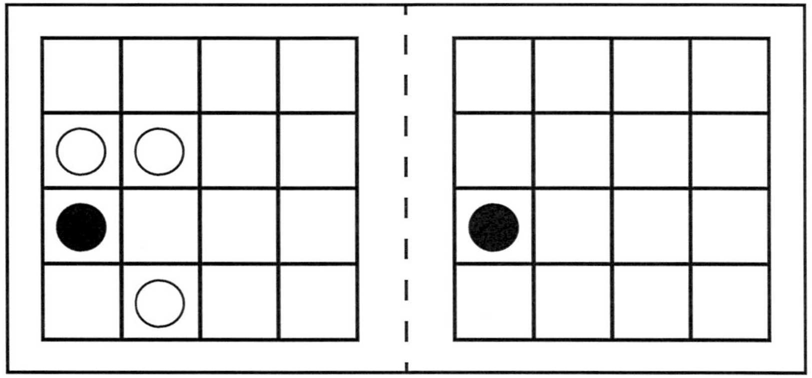

③

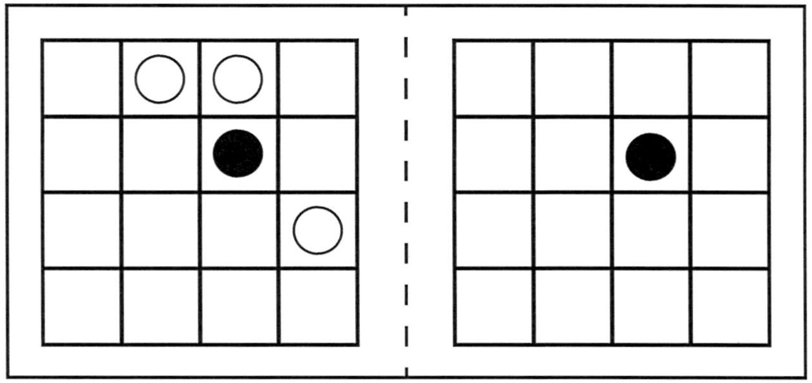

④

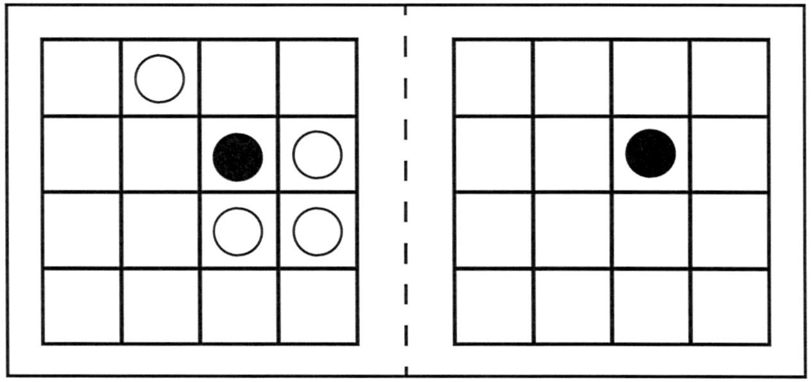

⑤

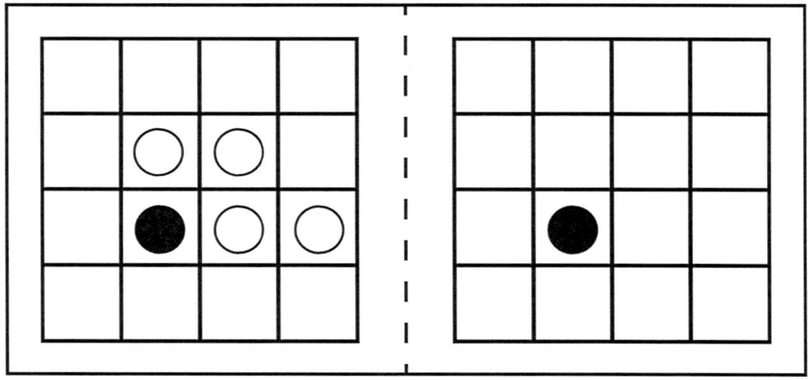

⑤

①

②

2021年度　筑波大学附属　ステップアップ　無断複製/転載を禁ずる

日本学習図書株式会社

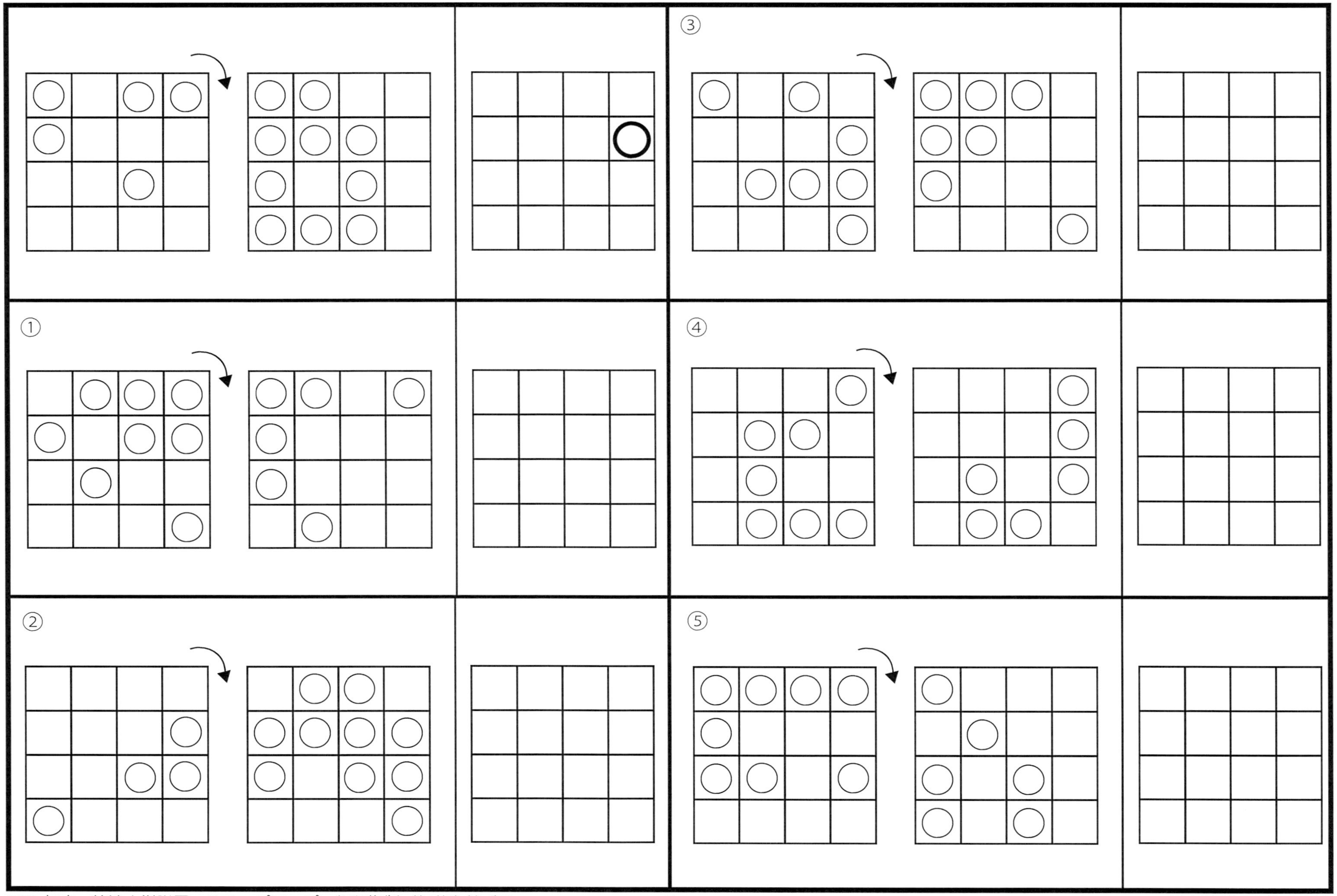

問題8

①

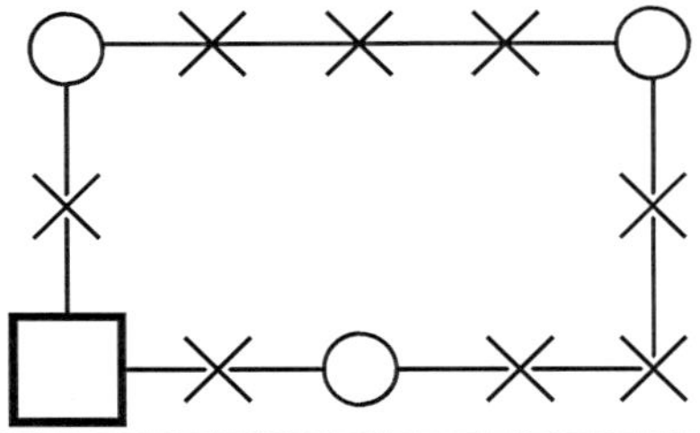

②

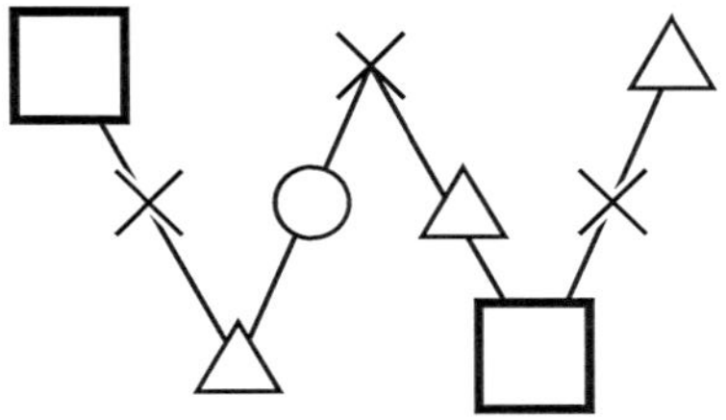

③

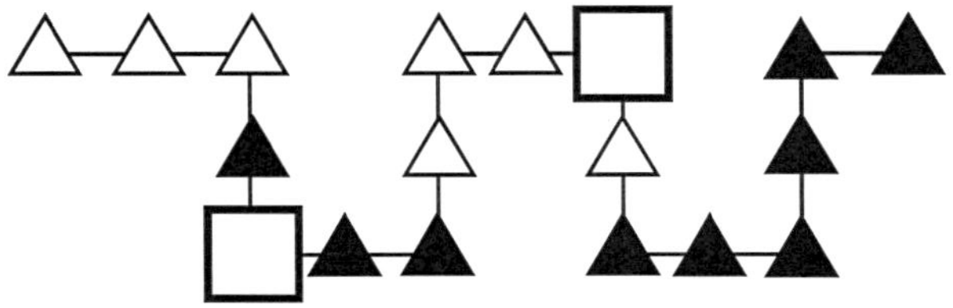

④

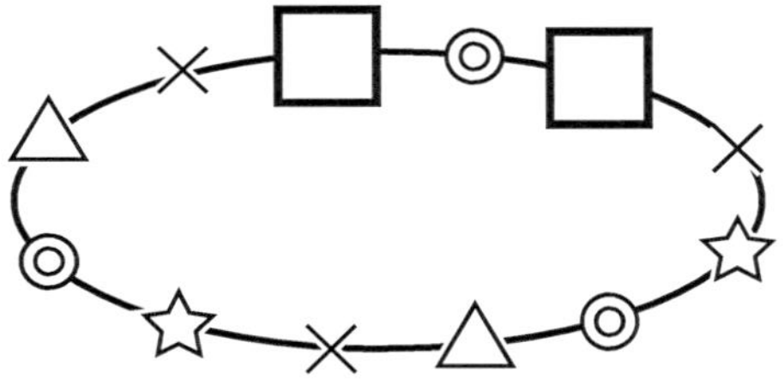

⑤

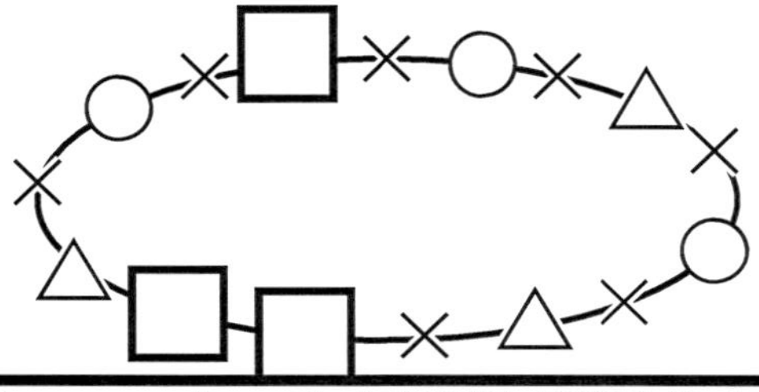

⑥

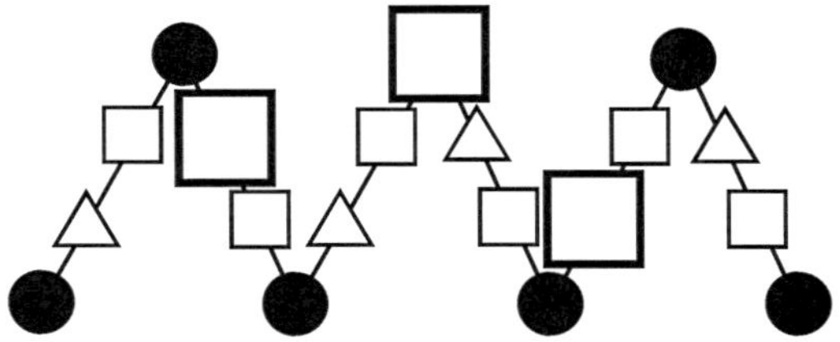

⑦

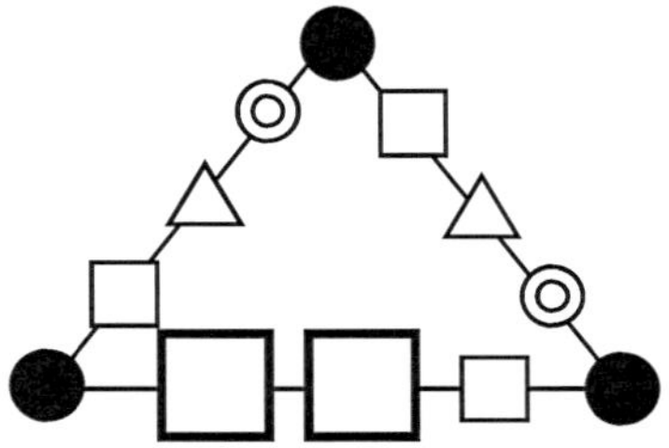

⑧

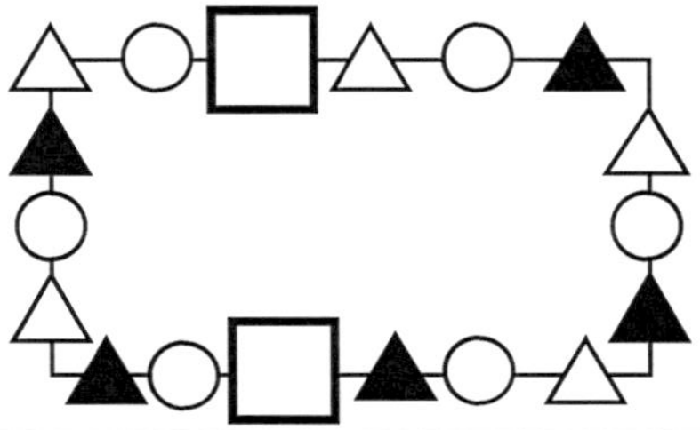

⑨

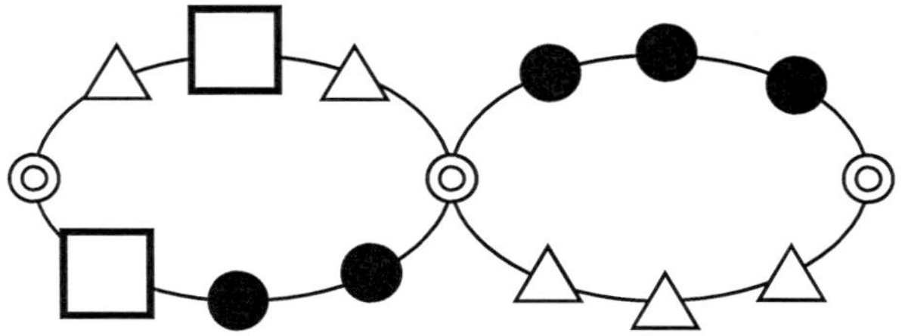

⑩

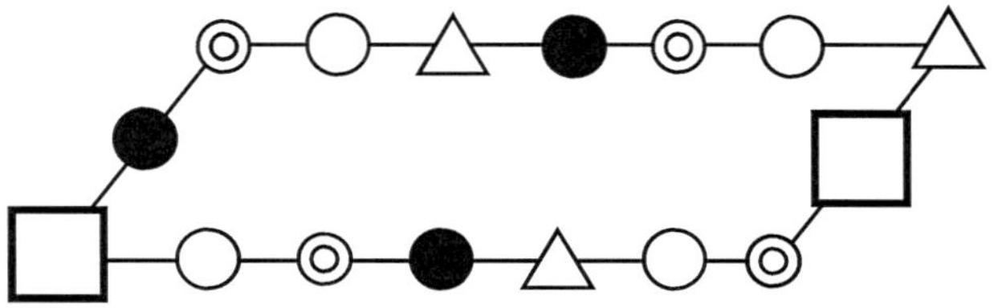

2021年度 筑波大学附属 ステップアップ 無断複製／転載を禁ずる　日本学習図書株式会社

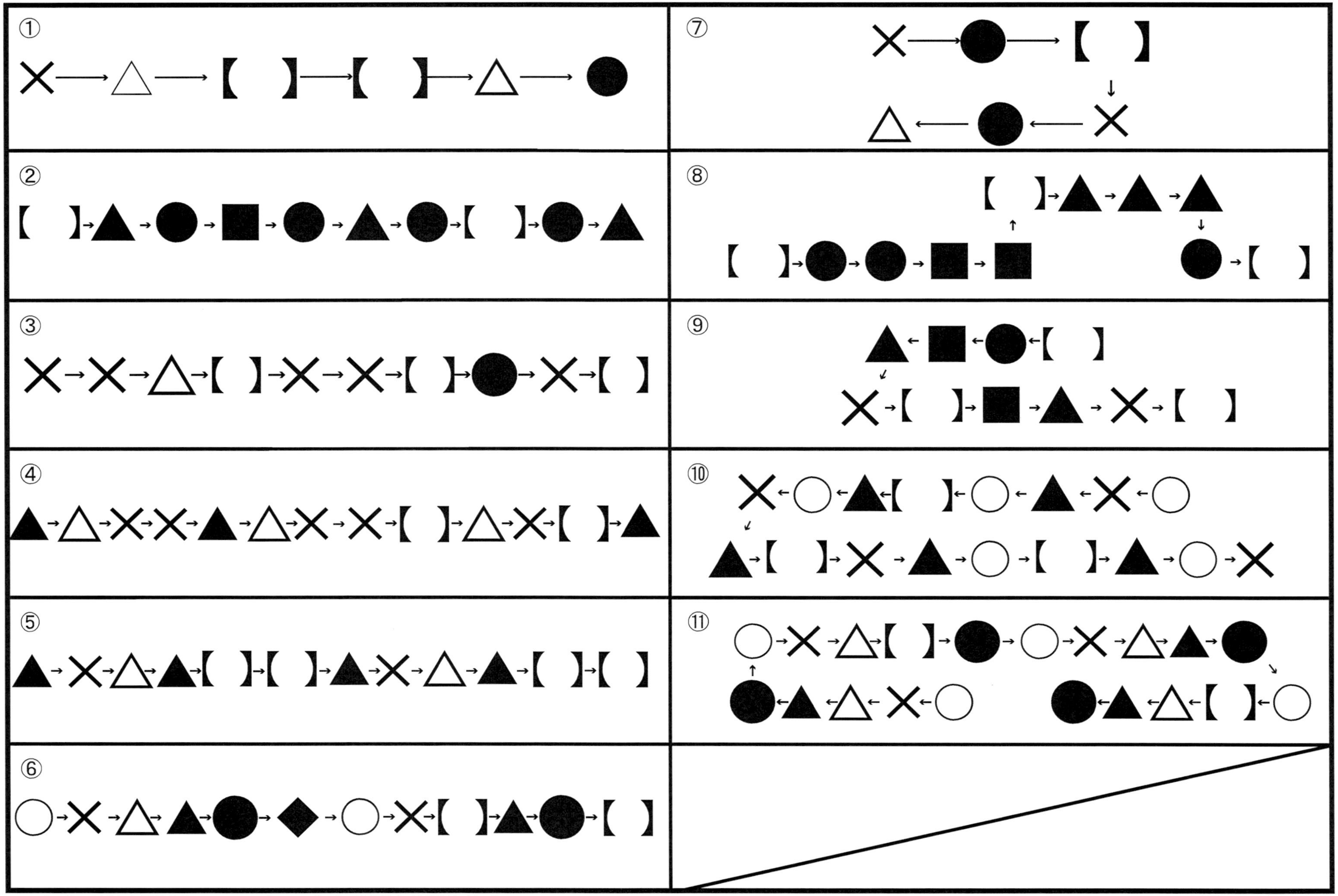

問題１０

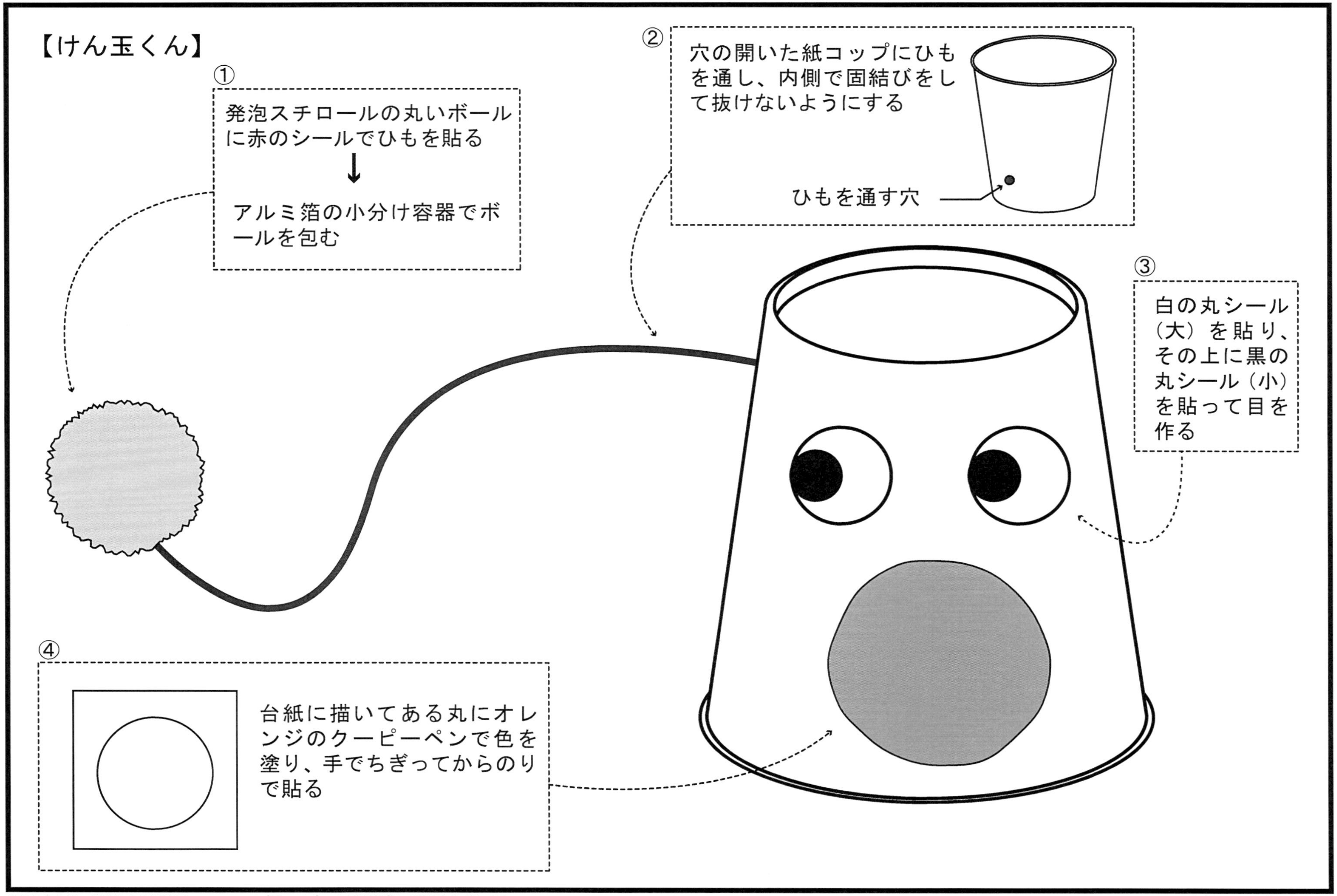
【けん玉くん】
①
発泡スチロールの丸いボールに赤のシールでひもを貼る
↓
アルミ箔の小分け容器でボールを包む
②
穴の開いた紙コップにひもを通し、内側で固結びをして抜けないようにする
ひもを通す穴
③
白の丸シール（大）を貼り、その上に黒の丸シール（小）を貼って目を作る
④
台紙に描いてある丸にオレンジのクーピーペンで色を塗り、手でちぎってからのりで貼る

問題１１

①

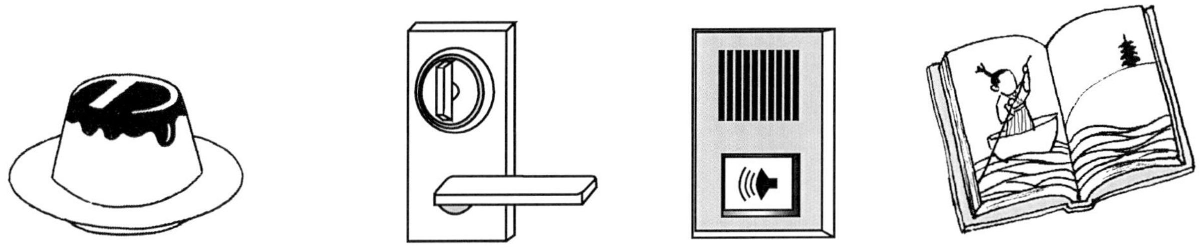

②

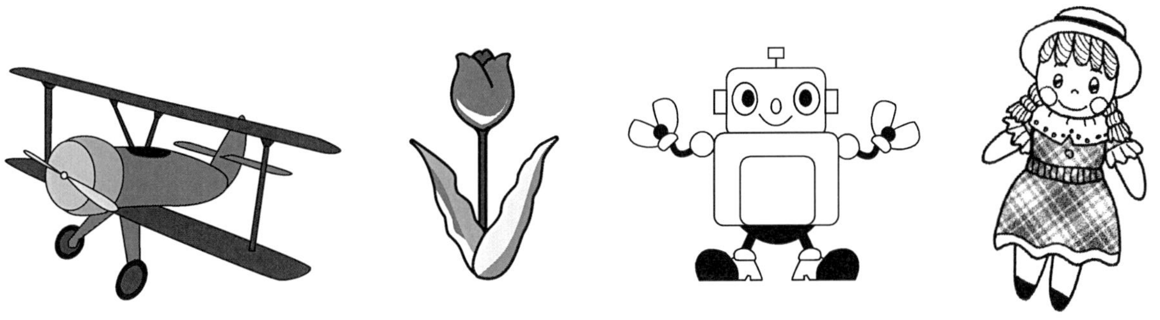

③

④

⑥

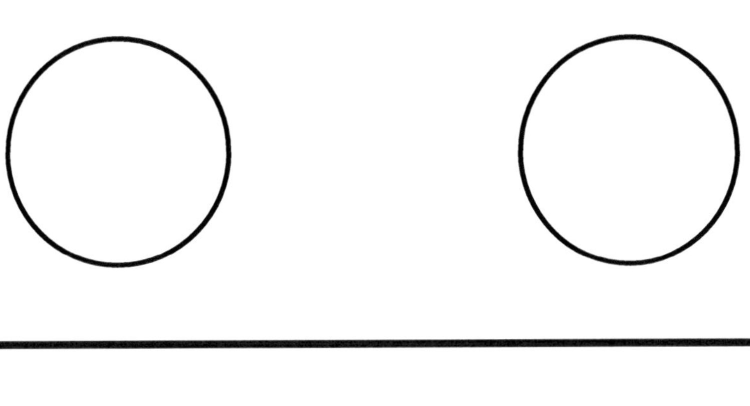

日本学習図書株式会社

問題１２

①

②

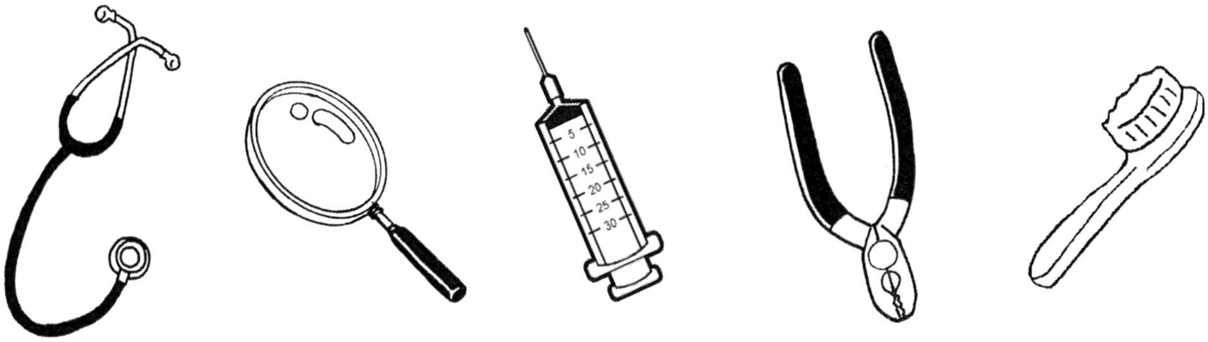

③

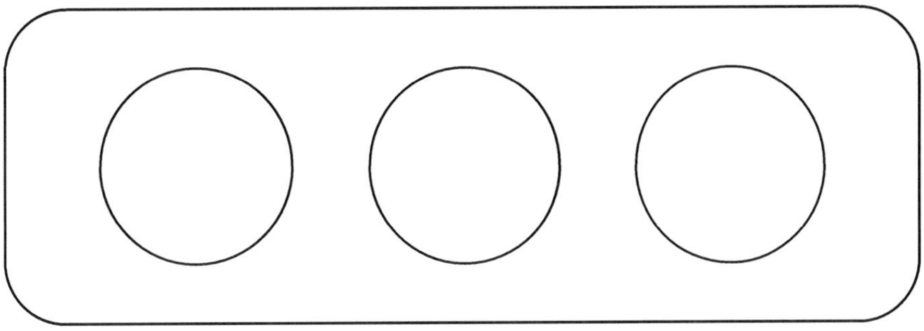

④

⑤

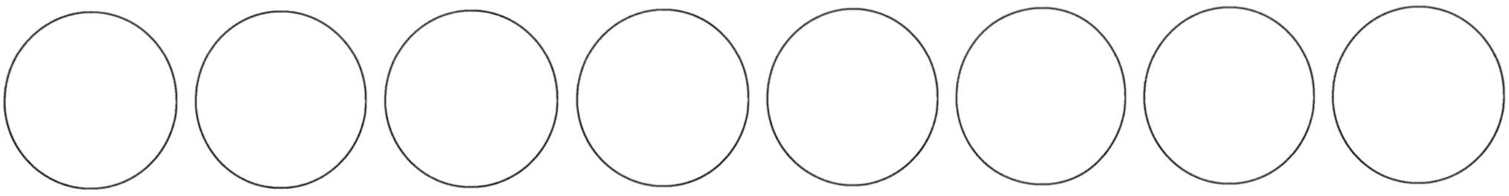

問題13－1

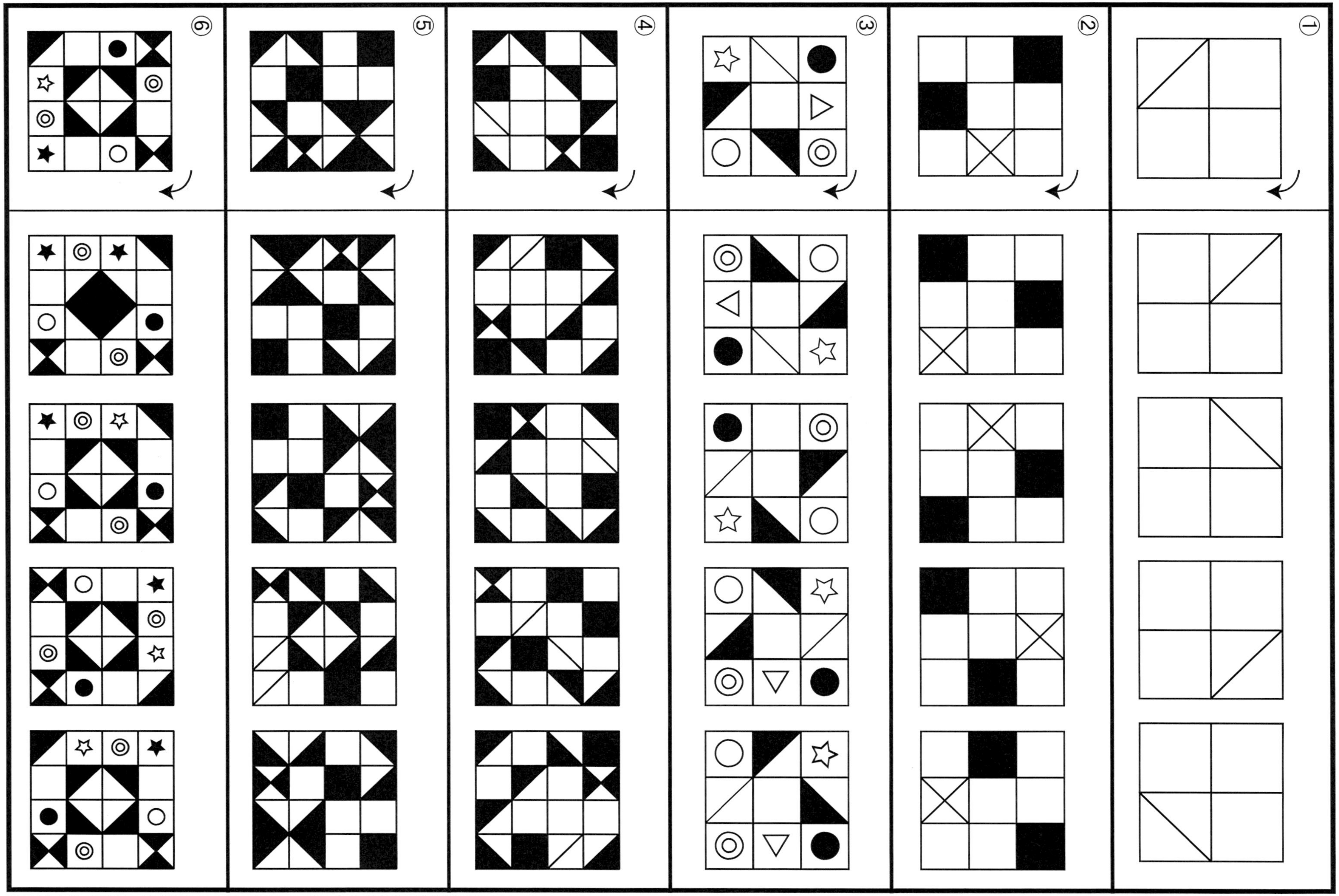

日本学習図書株式会社

⑦

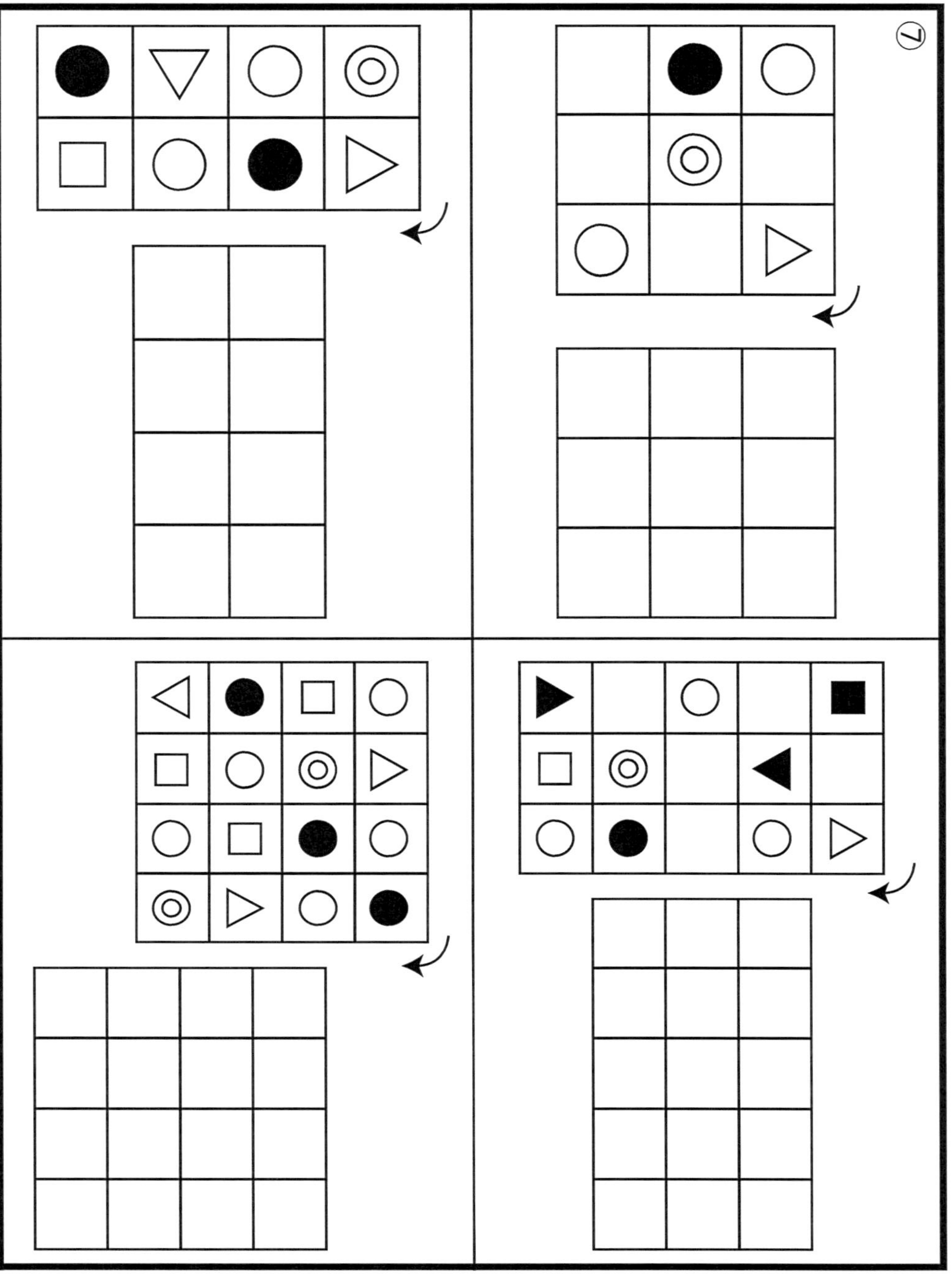

⑧

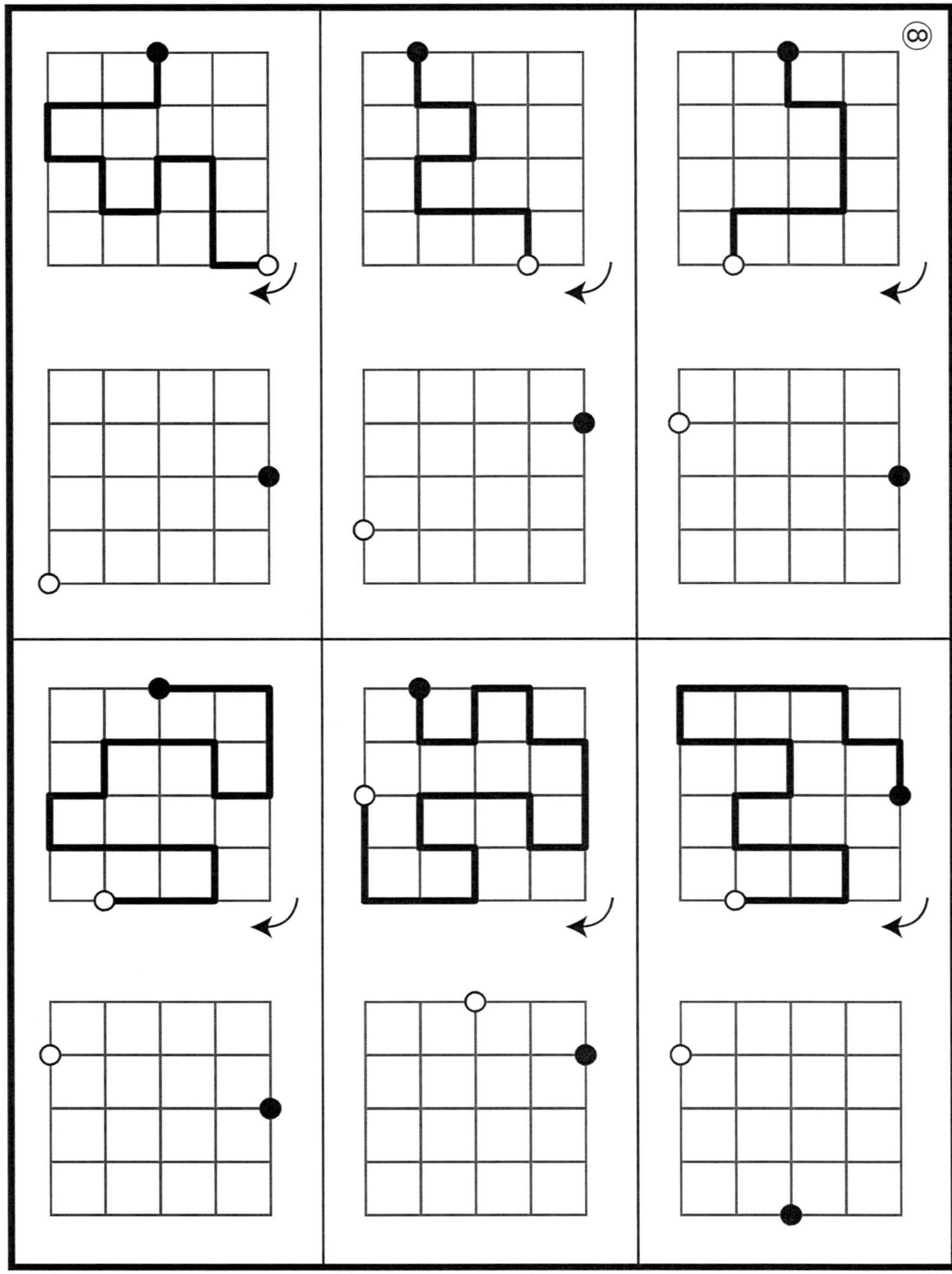

問題１４

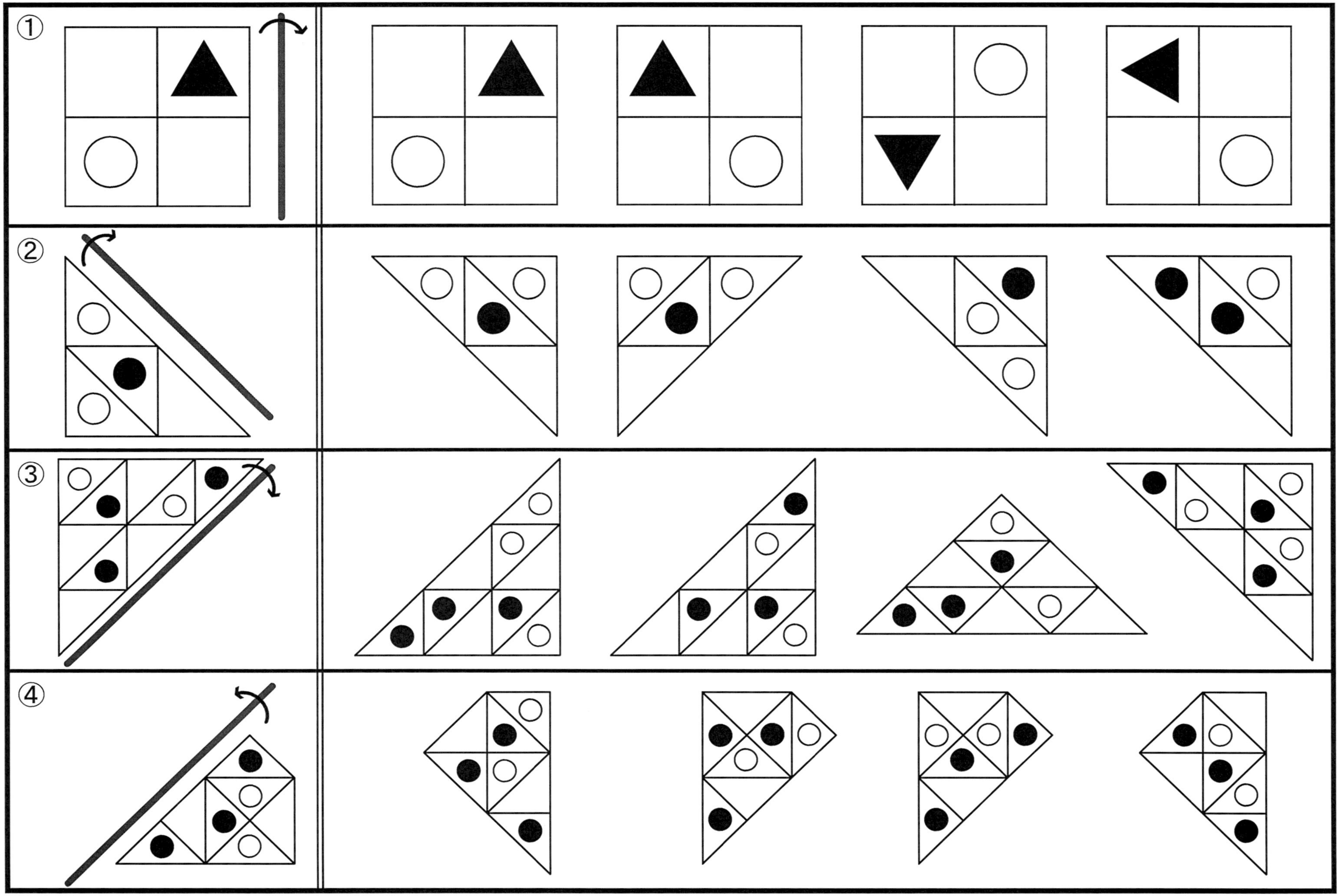

日本学習図書株式会社

2021年度 筑波大学附属 ステップアップ 無断複製/転載を禁ずる

− 16 −

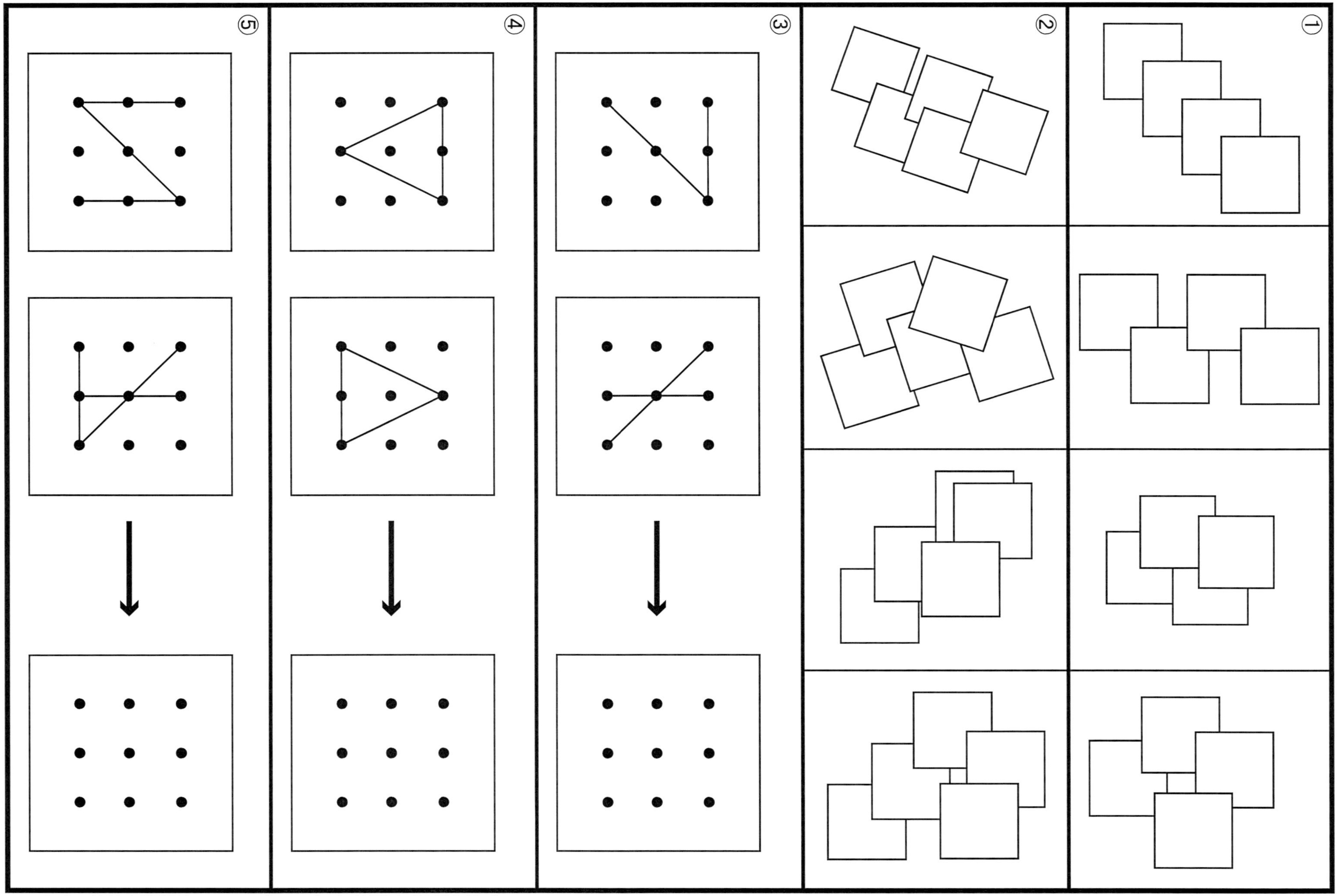

問題15－2

⑥

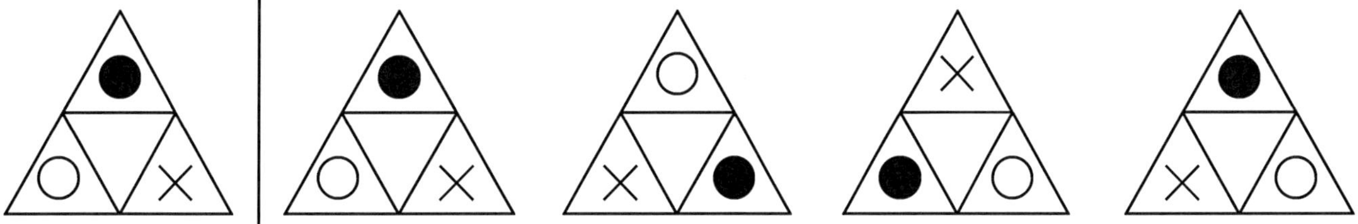

⑦

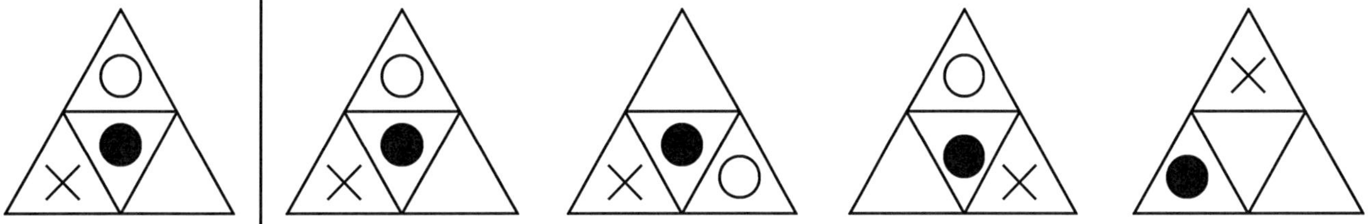

⑧

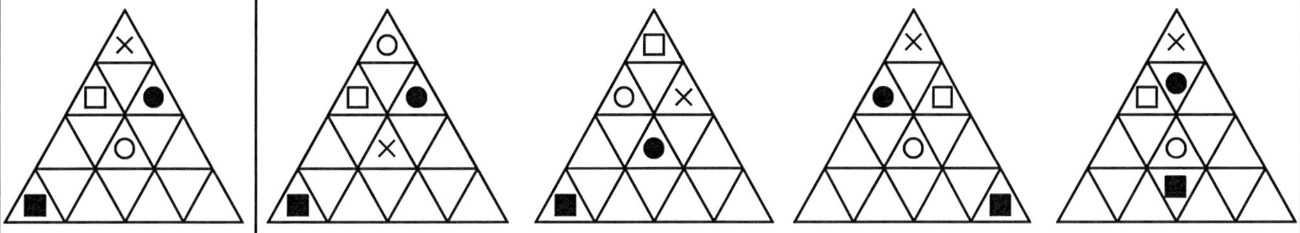

⑨

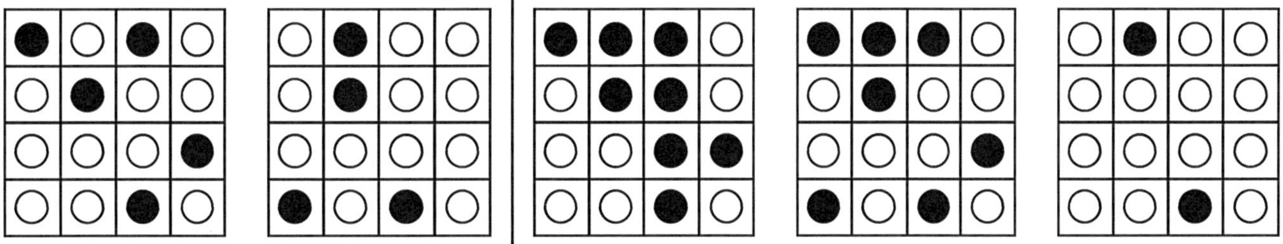

⑩

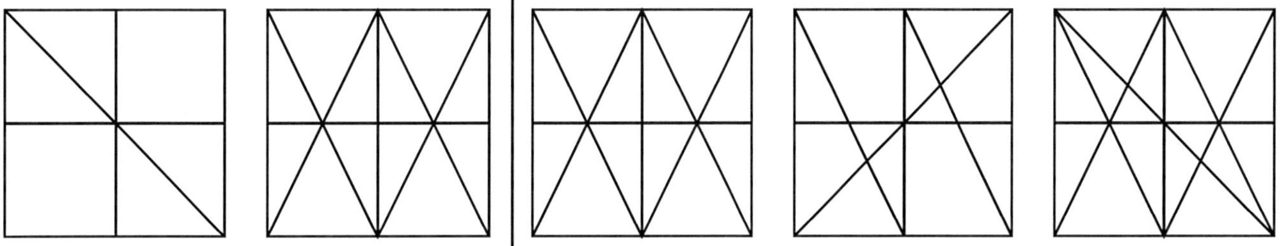

日本学習図書株式会社

問題16－1

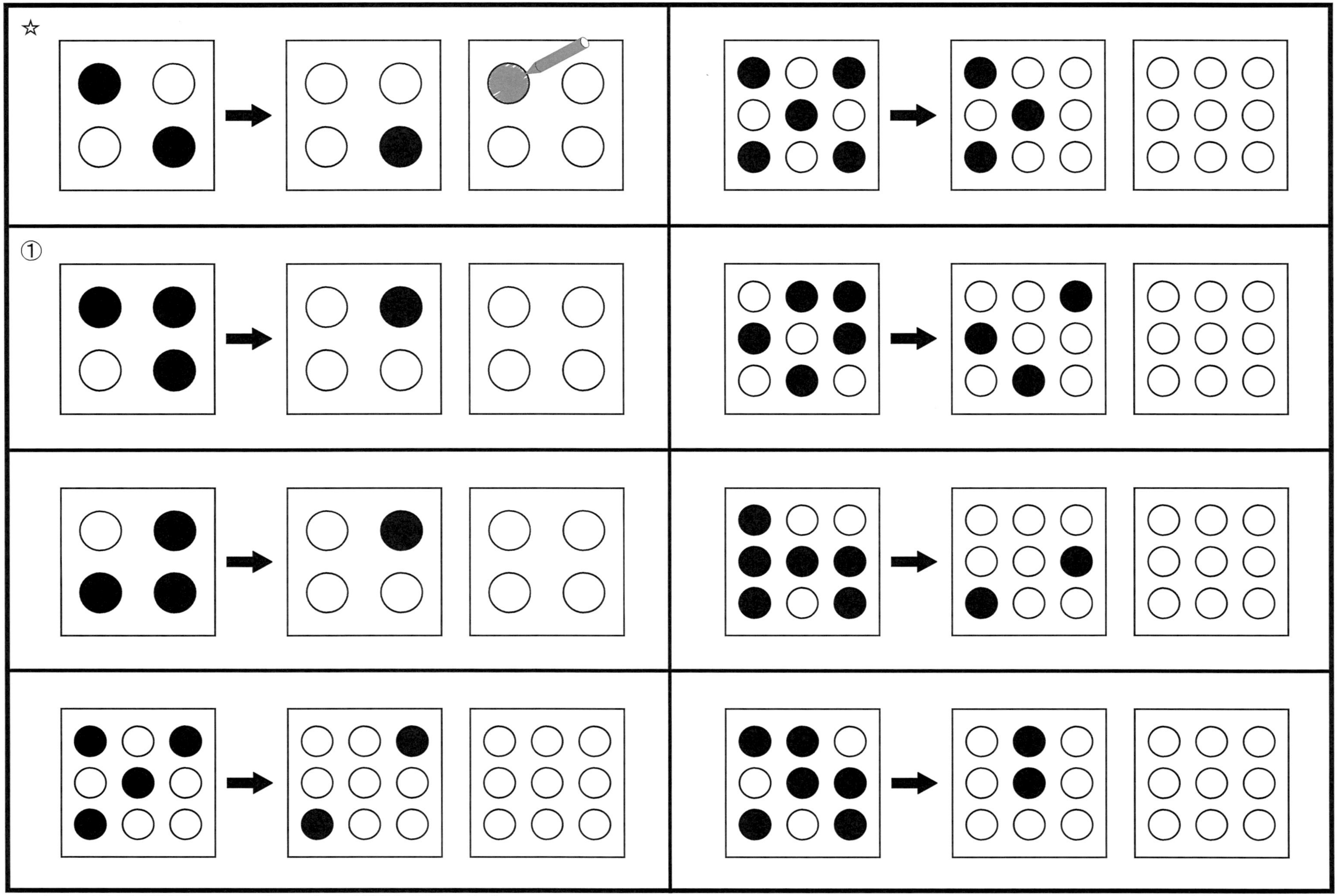

問題１６－２

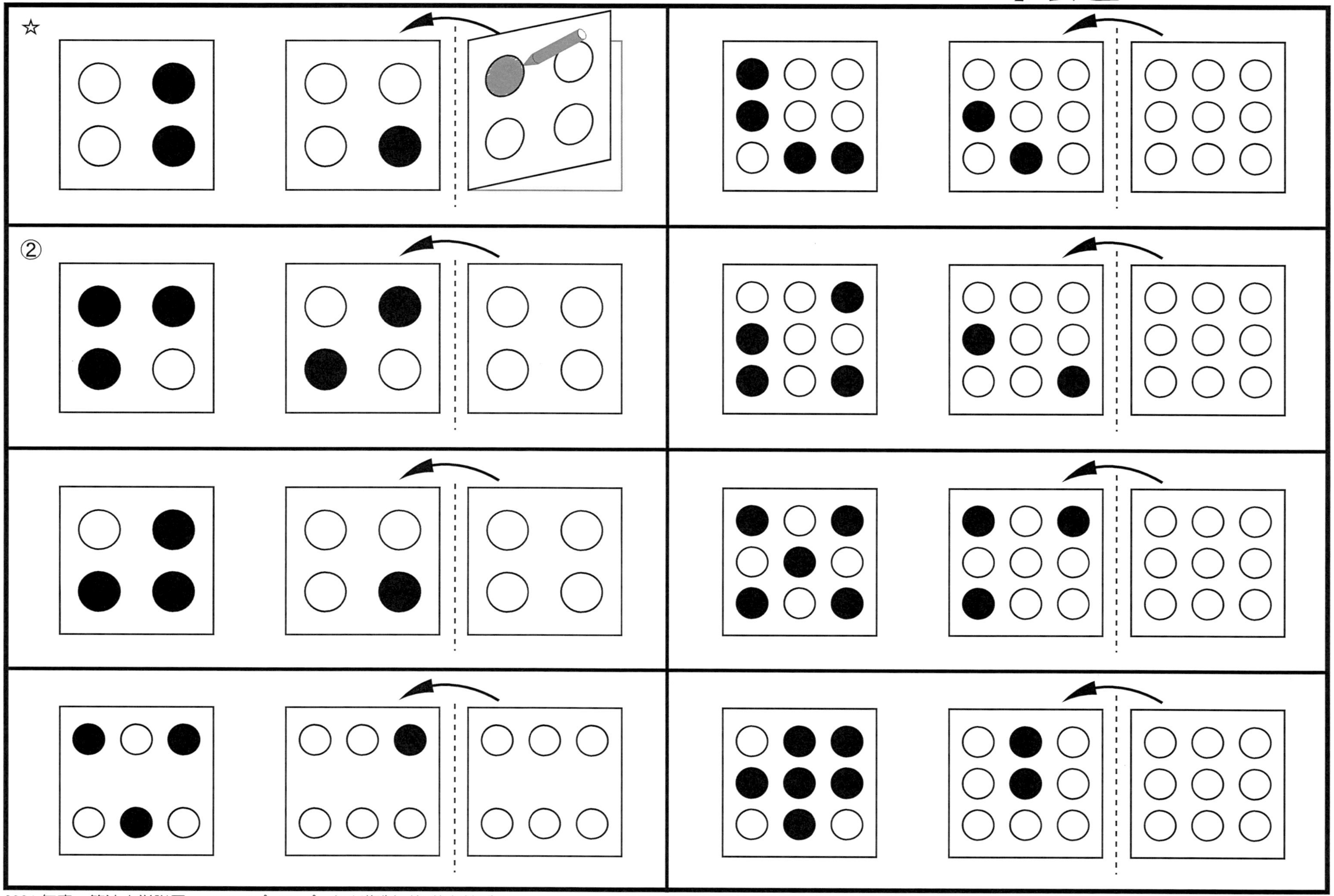

日本学習図書株式会社

問題１７－１

①

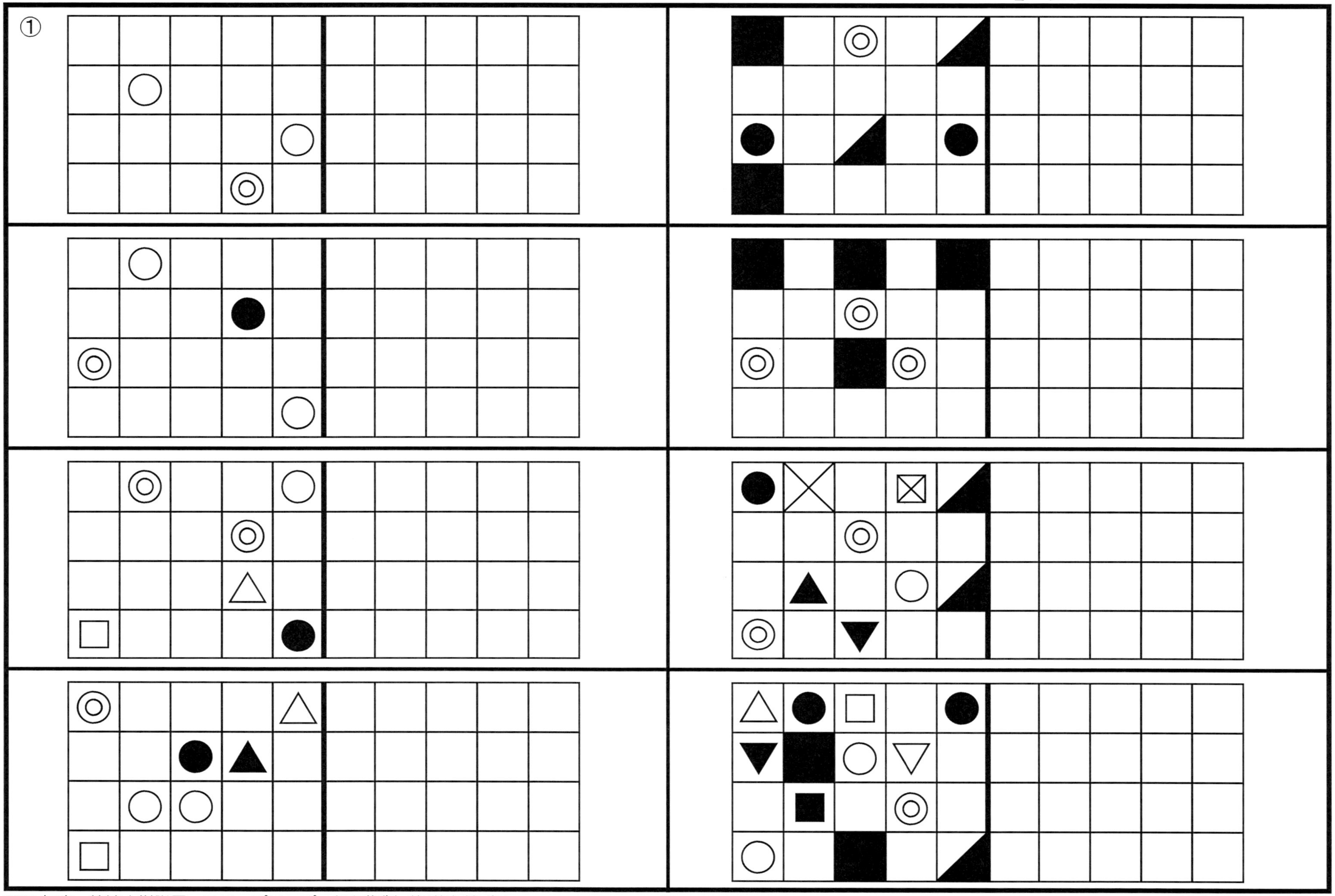

2021年度 筑波大学附属 ステップアップ 無断複製/転載を禁ずる 日本学習図書株式会社

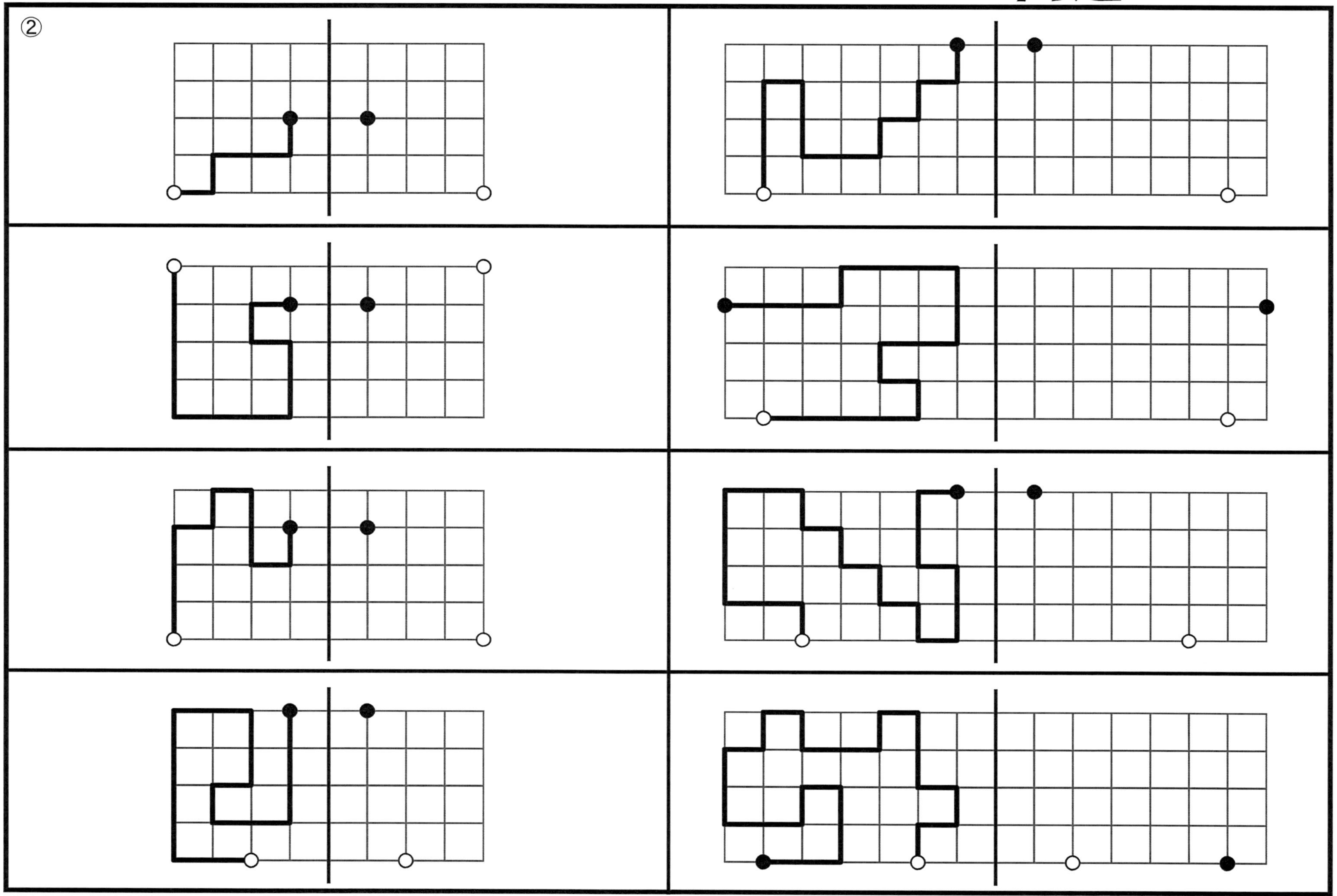

問題18

見　本

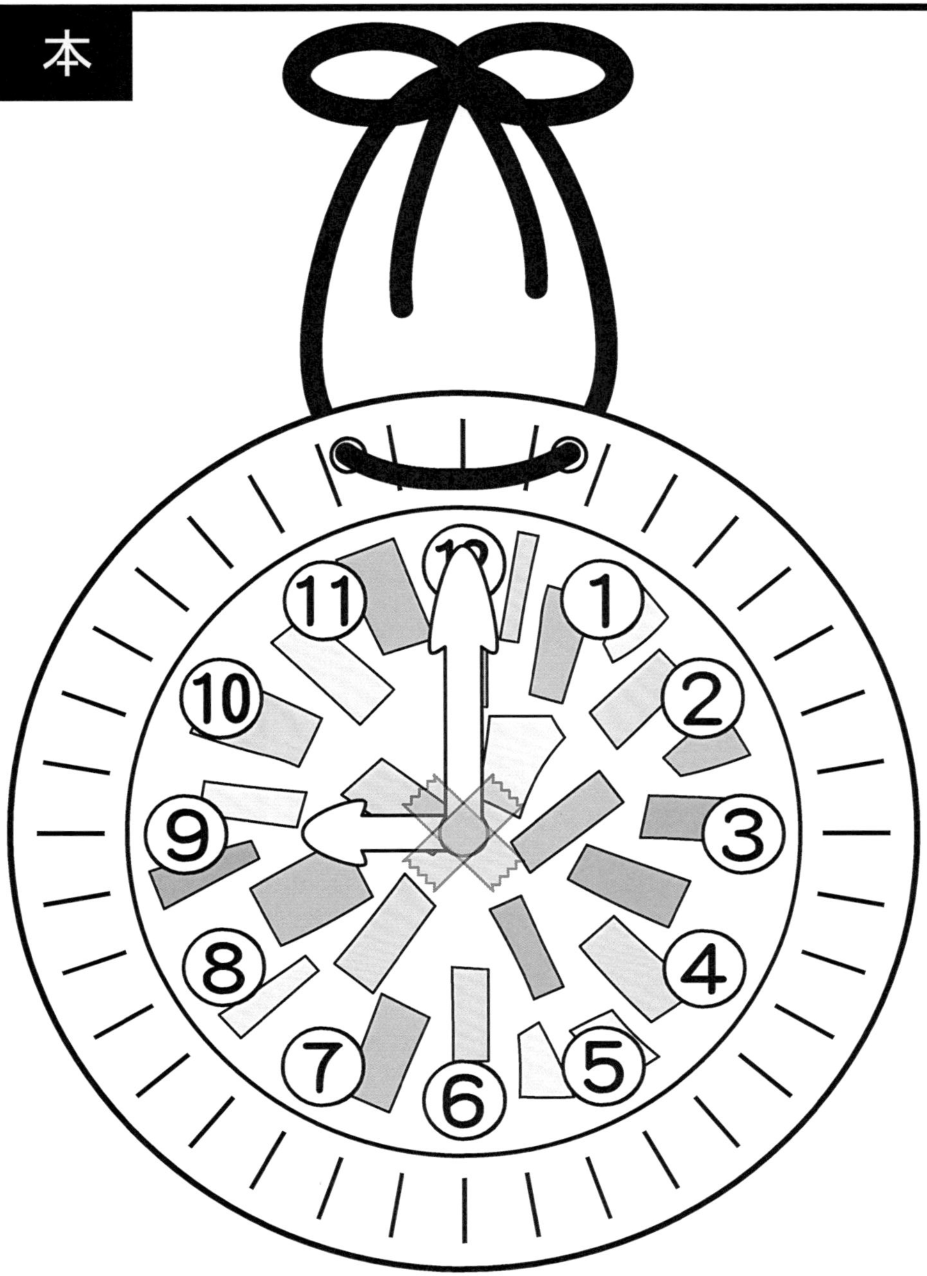

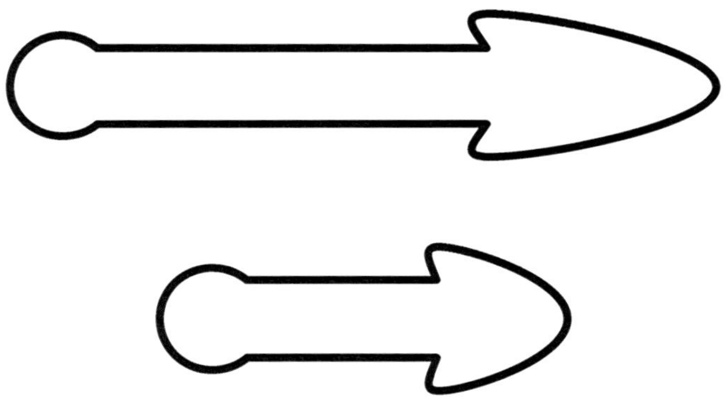

問題２０

①

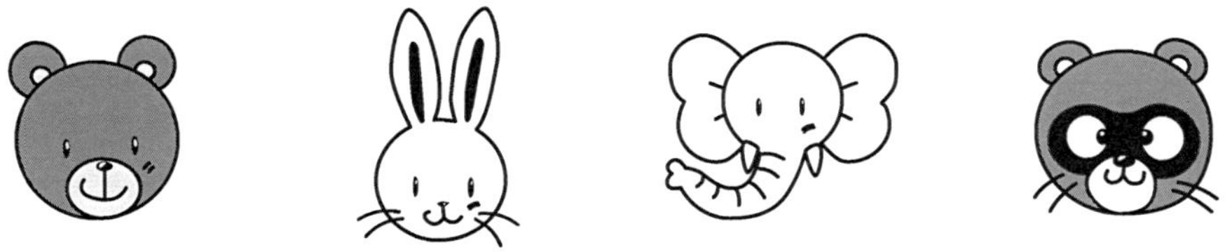

②

③

④

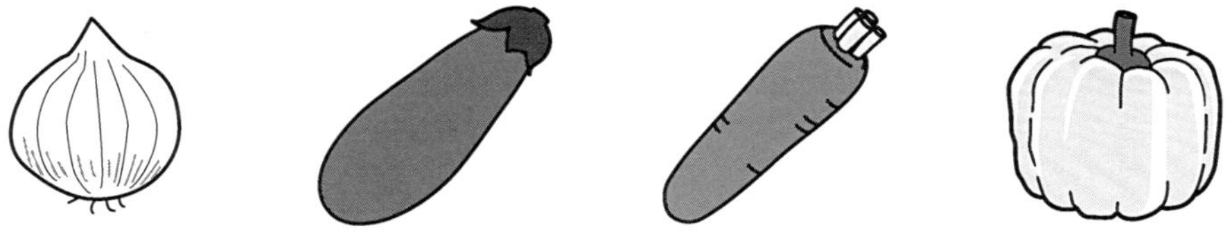

⑤

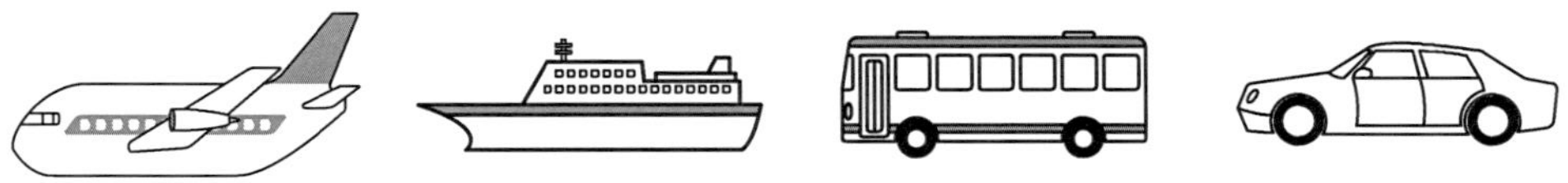

⑥

⑦

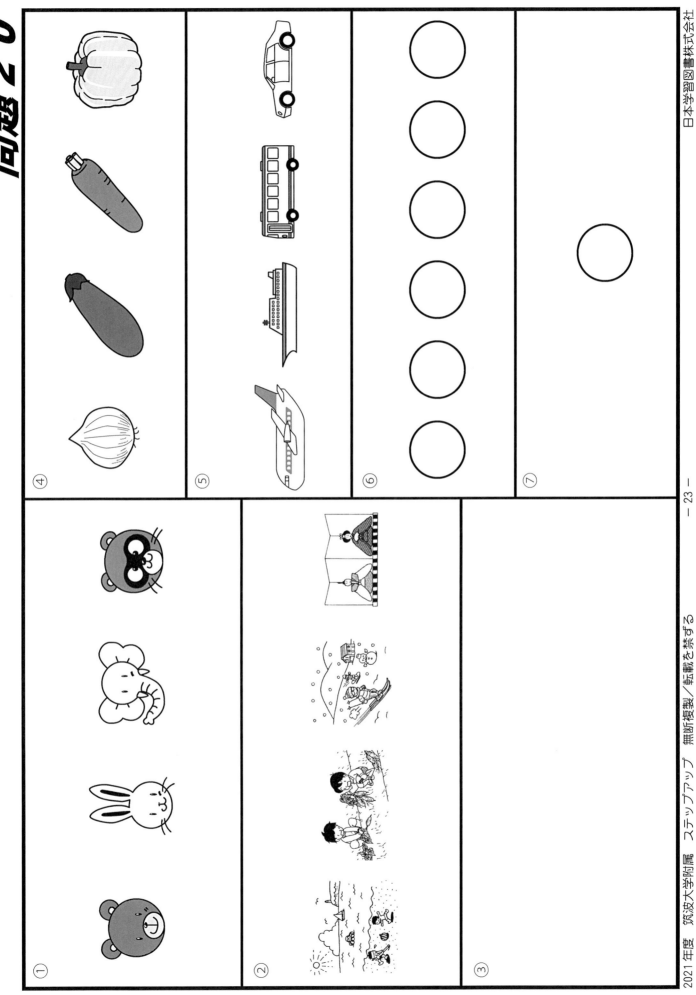

問題２１

①

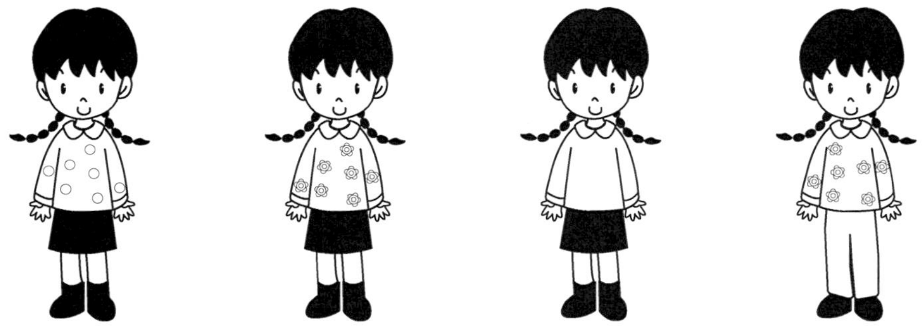

②

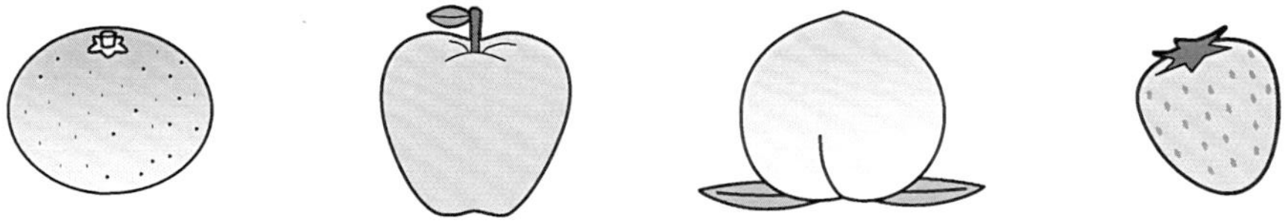

③

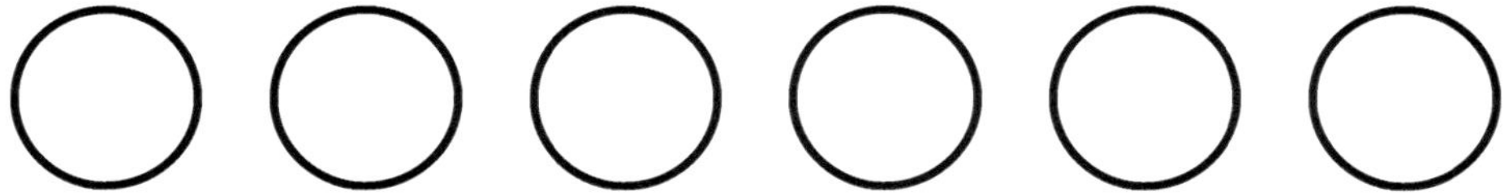

④

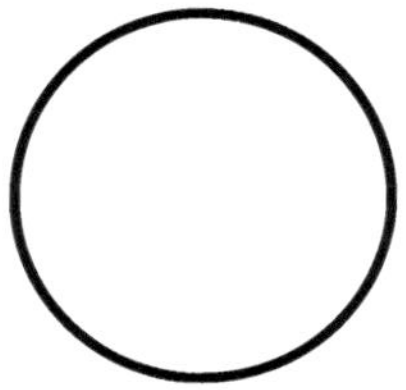

⑤

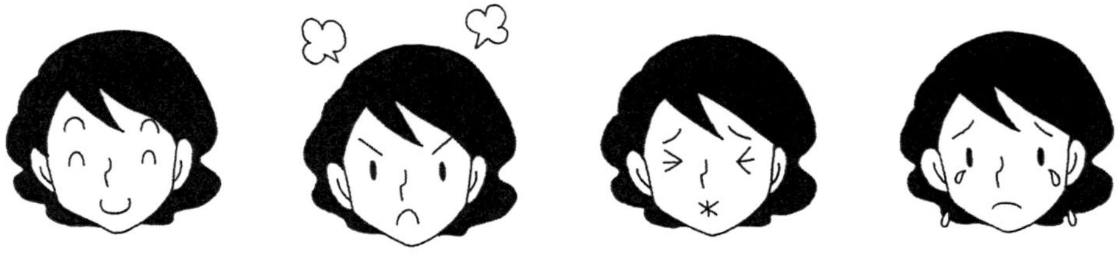

⑥

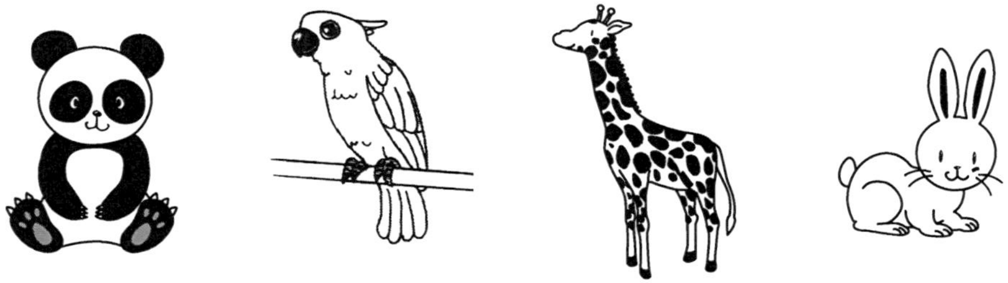

⑦

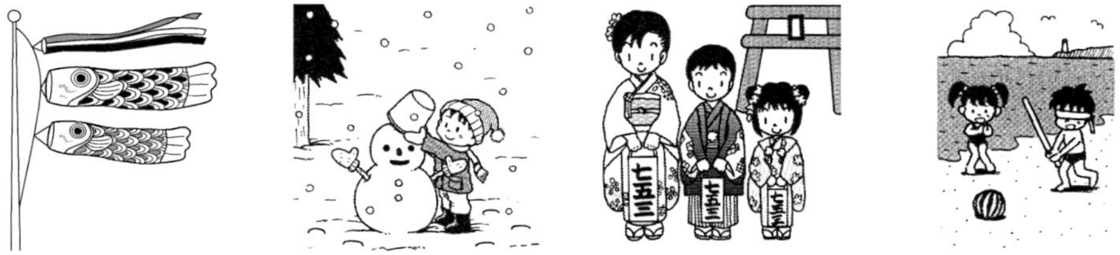

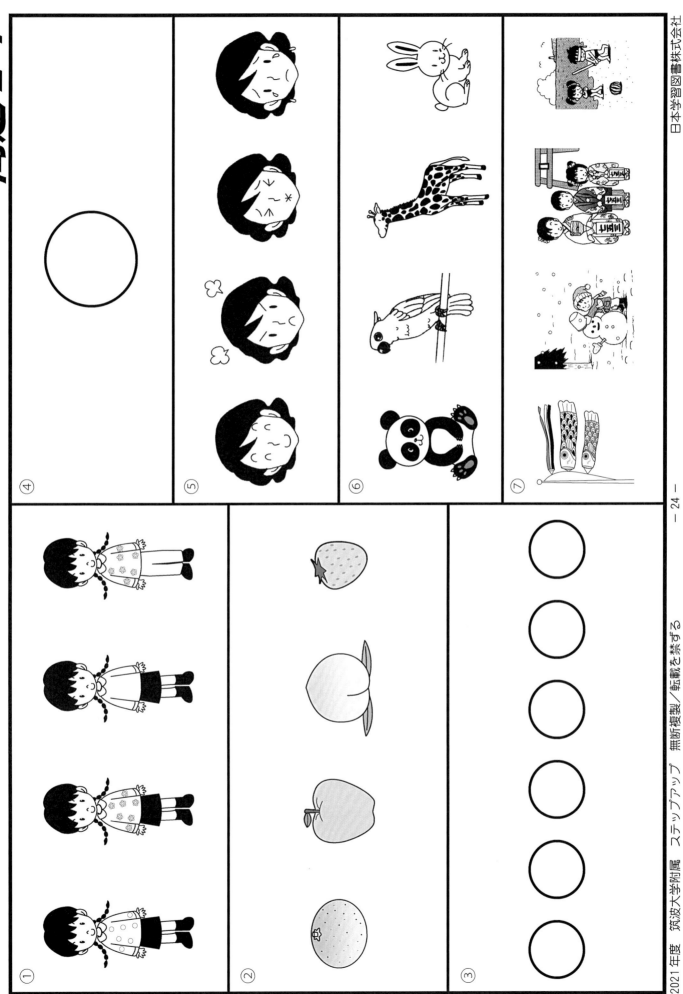

問題２２

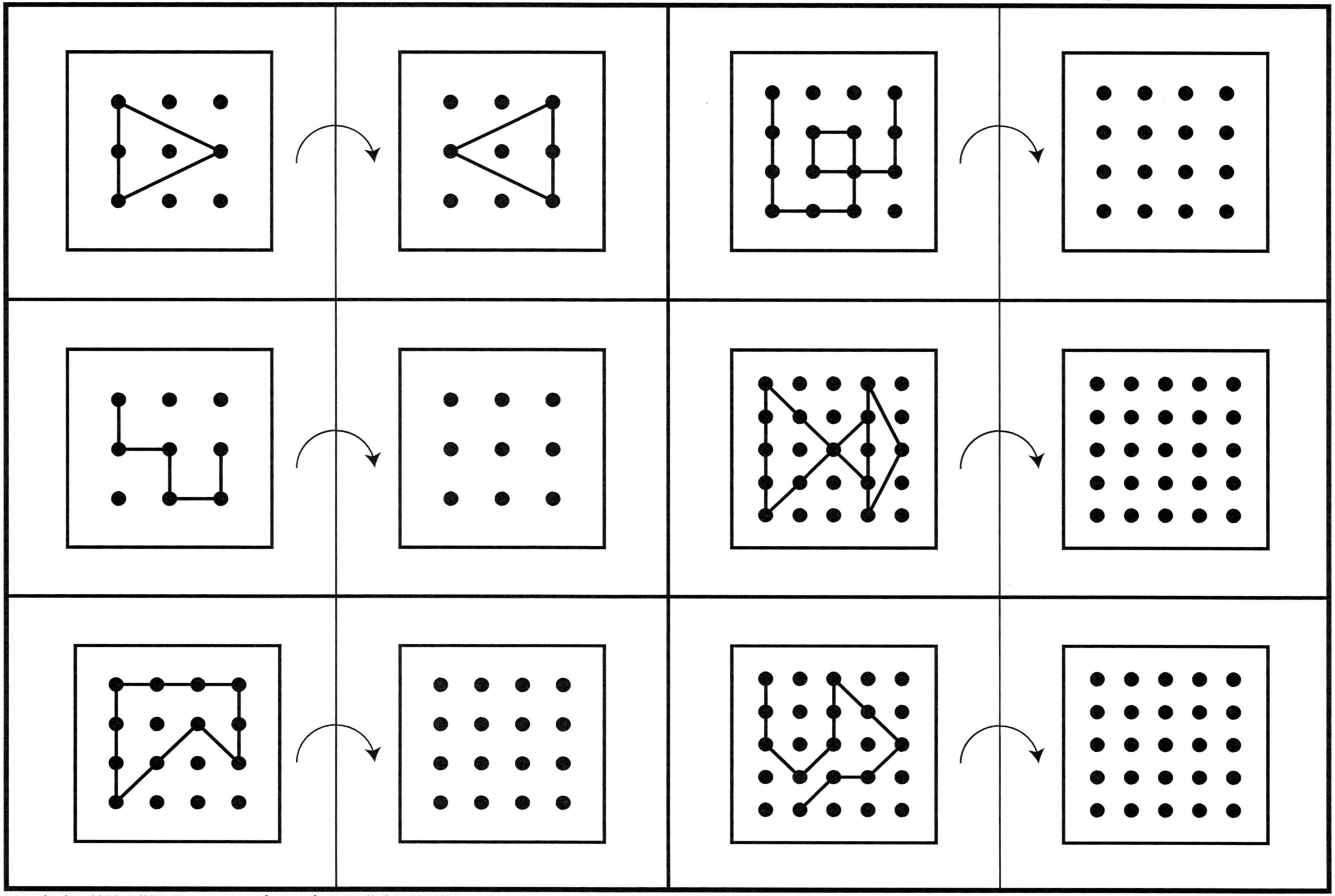

問題２３

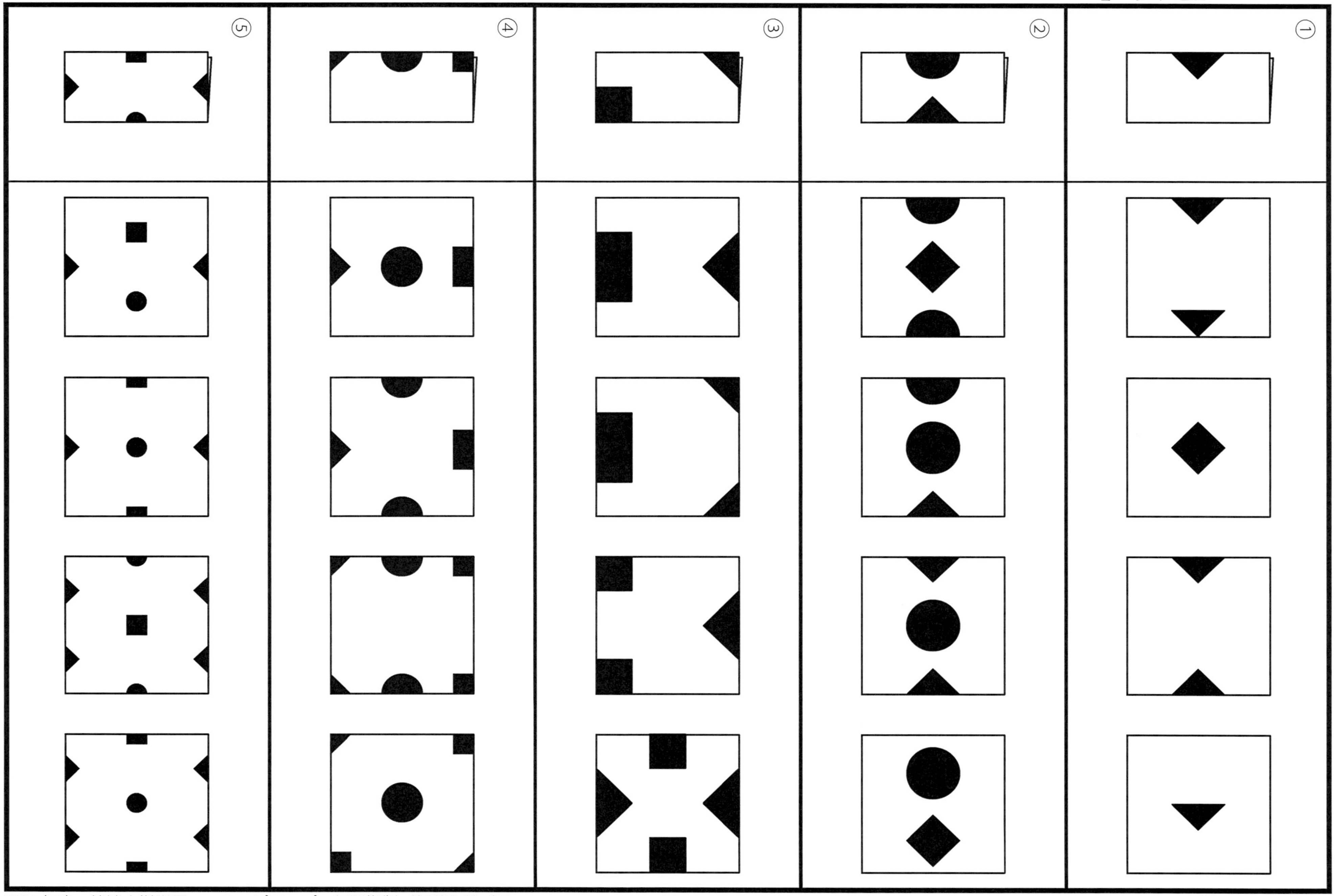

問題 24

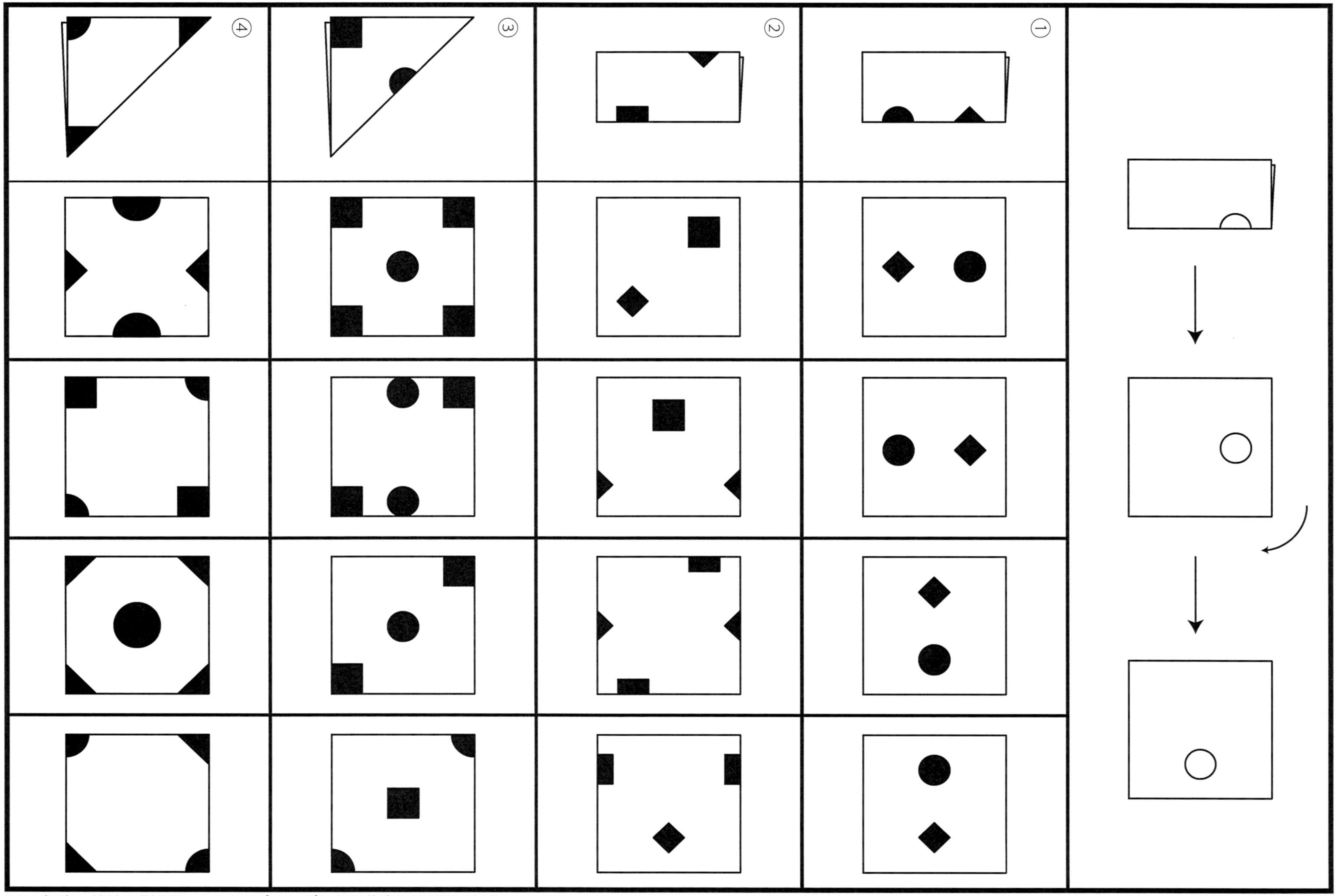

2021年度　筑波大学附属　ステップアップ　無断複製／転載を禁ずる　　日本学習図書株式会社

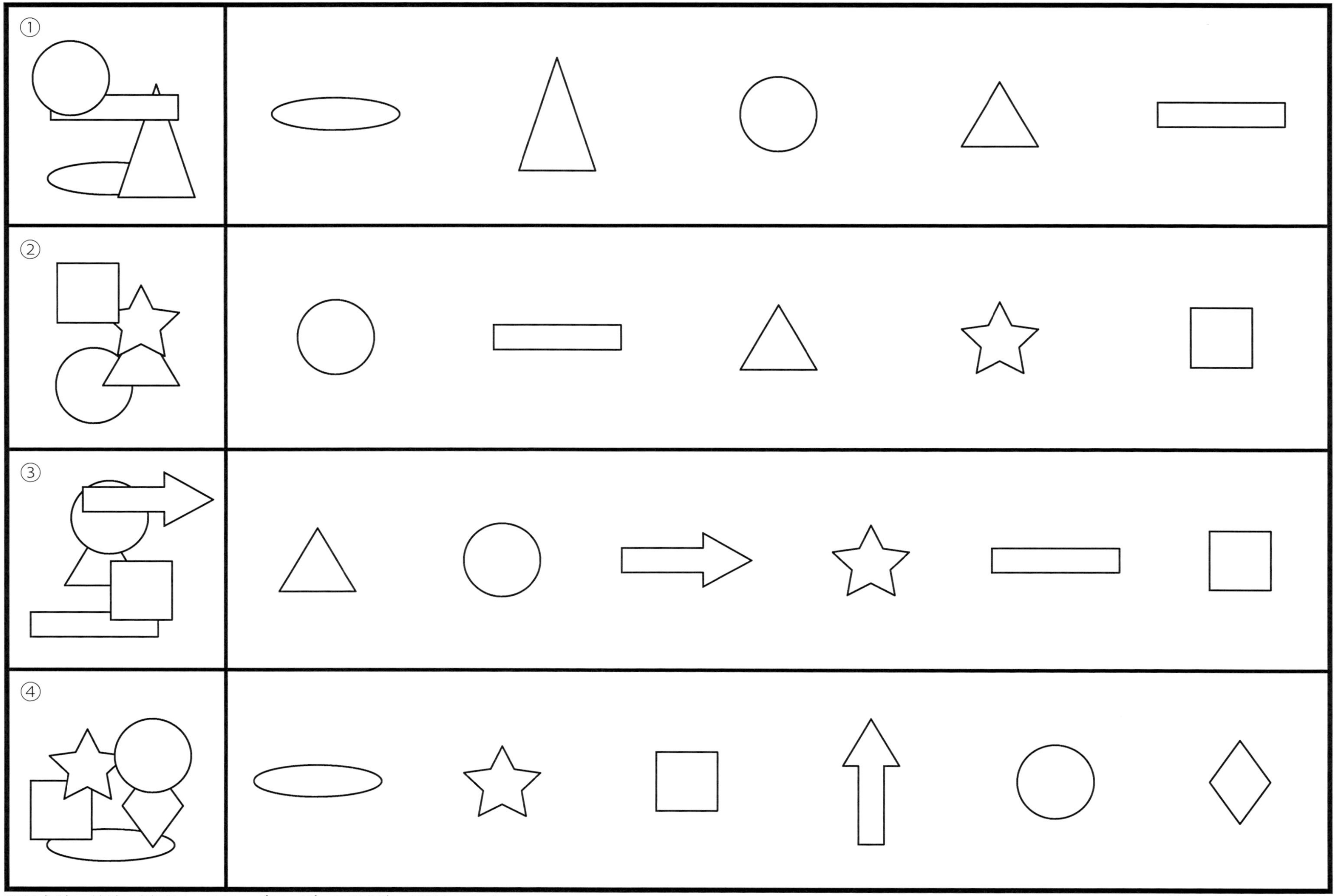

問題２６

①	▭ ○ ◁ ⚭ ▢	
②	◁ ○ ☆ ▢ ▭	
③	⬭ ◇ ▢ ◁ ▭	

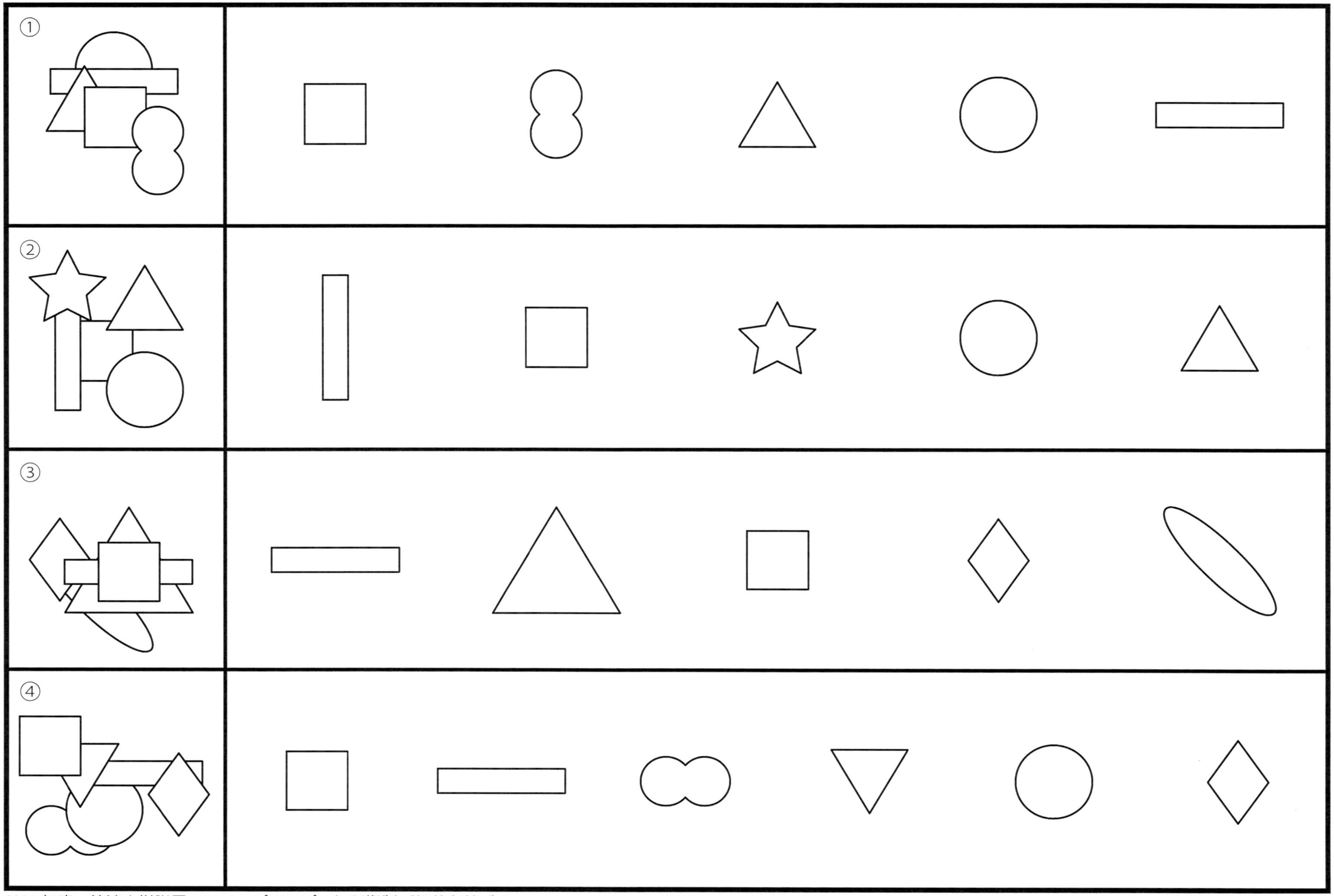

問題27－1

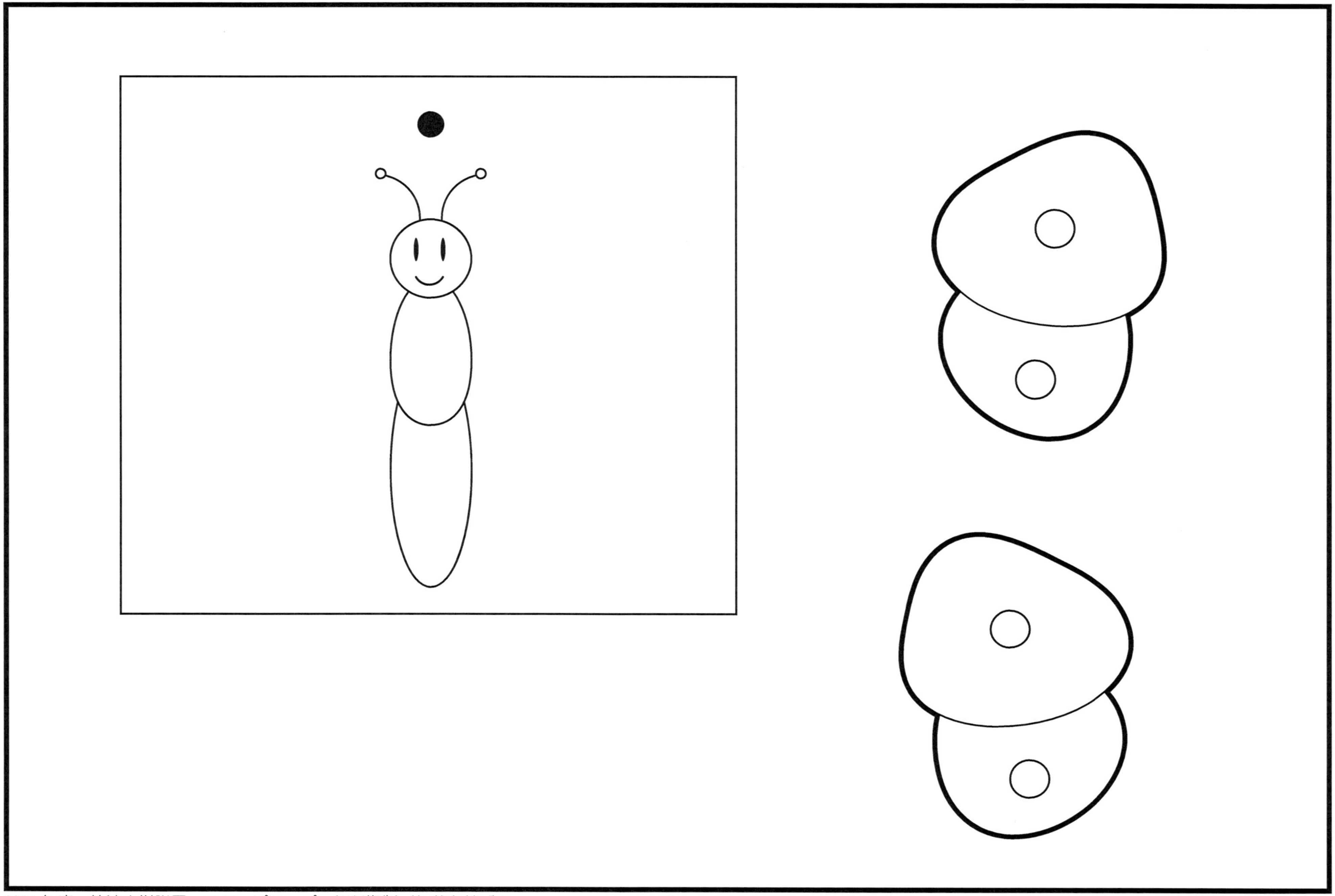

問題27－2

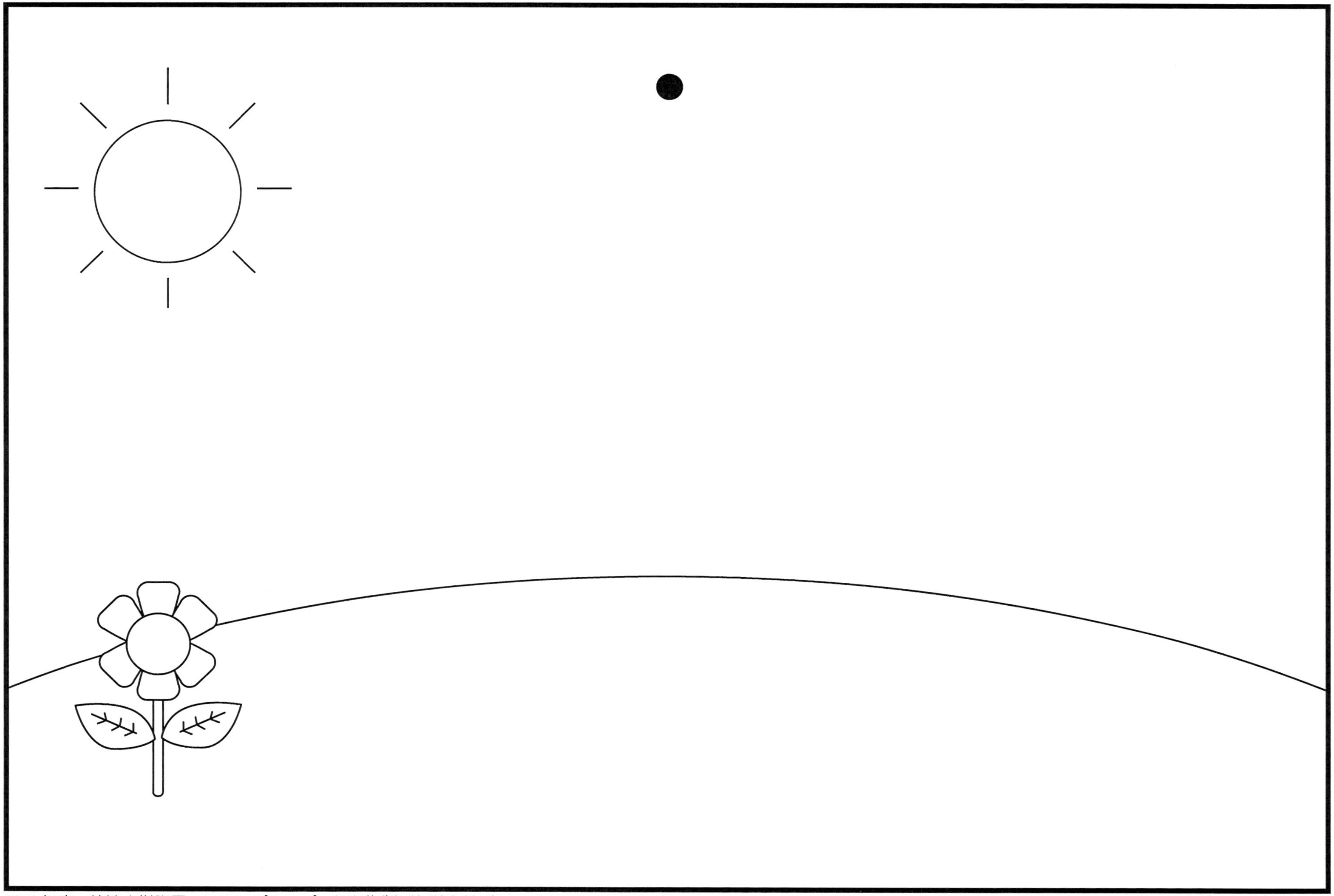

問題２８

①

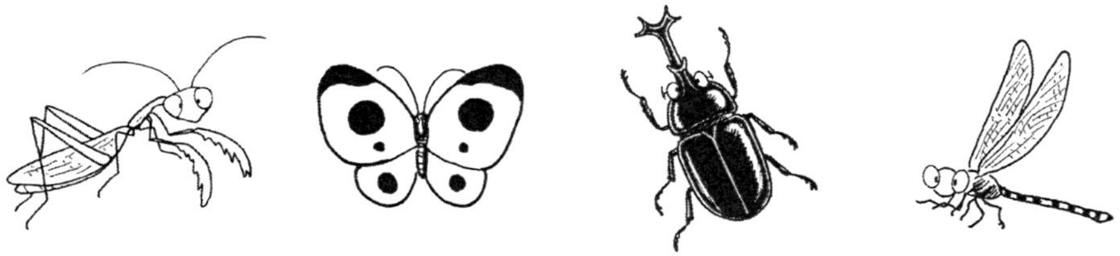

②

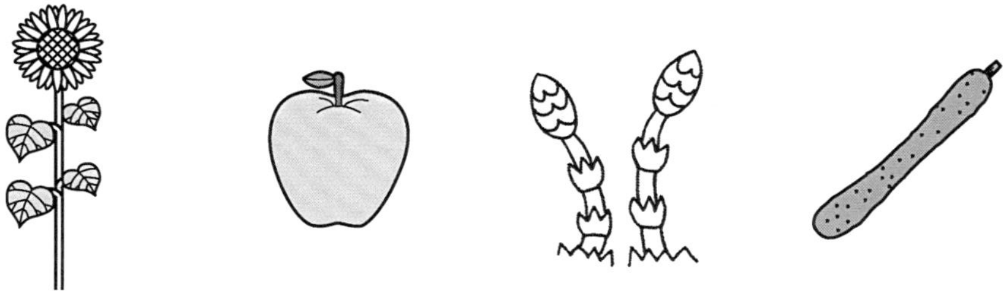

③

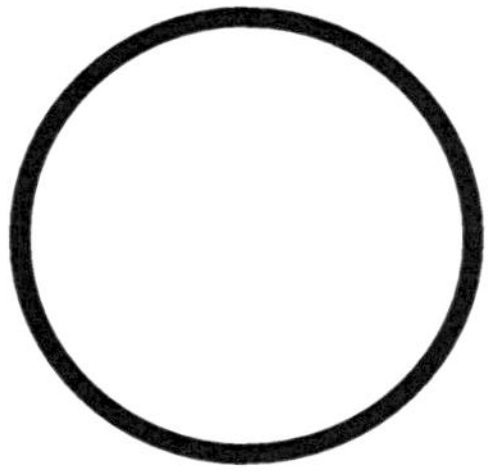

④

⑤

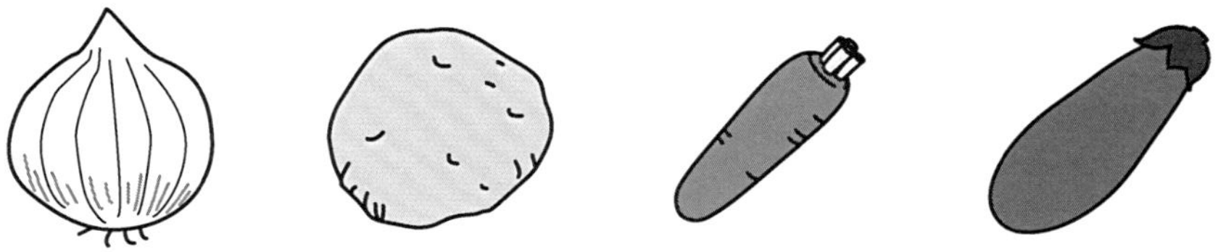

⑥

問題２９

①

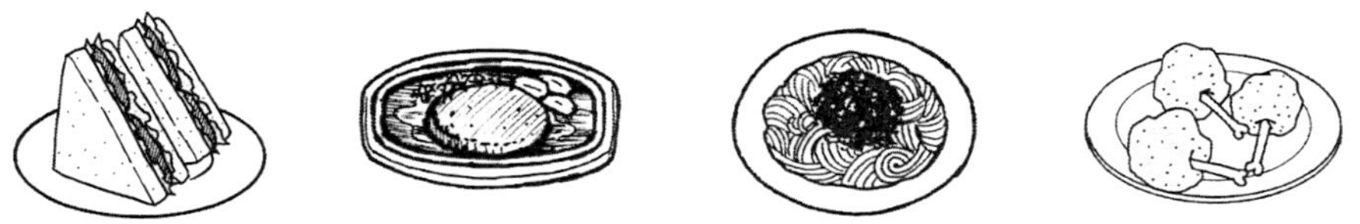

②

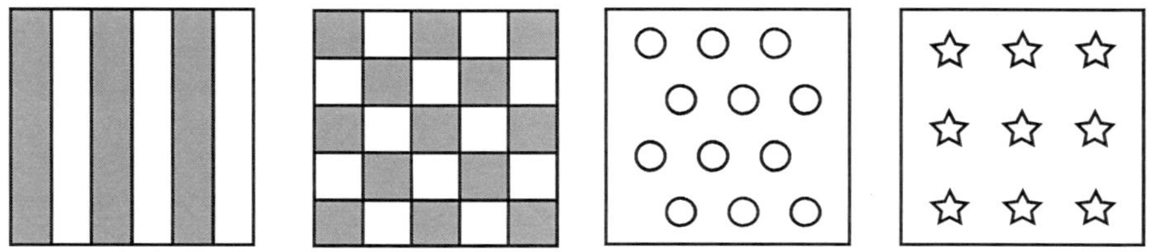

③

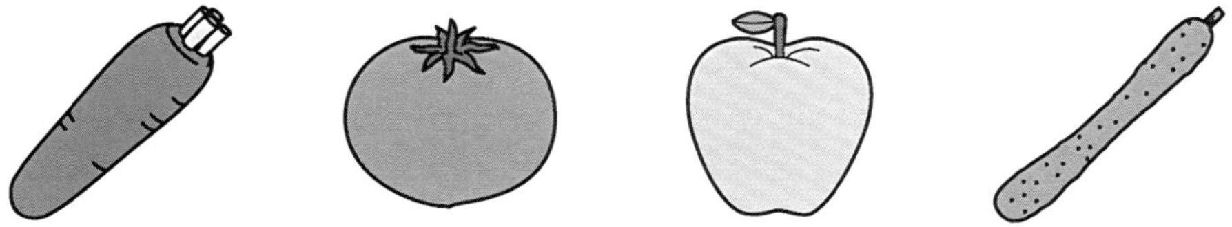

④

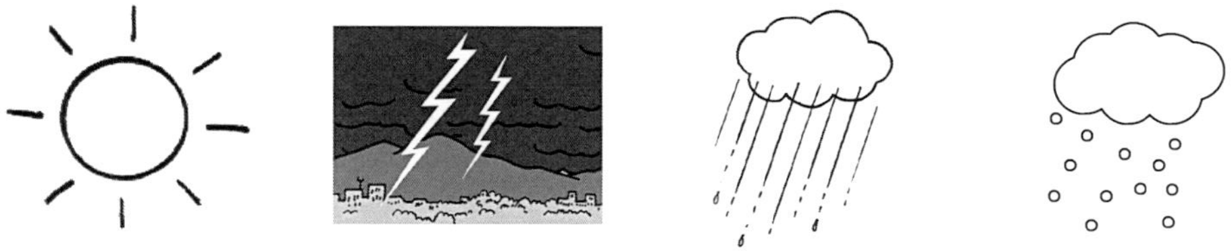

⑤

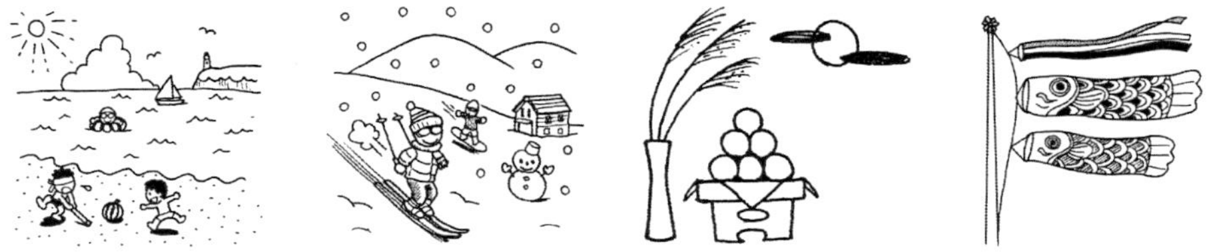

⑥

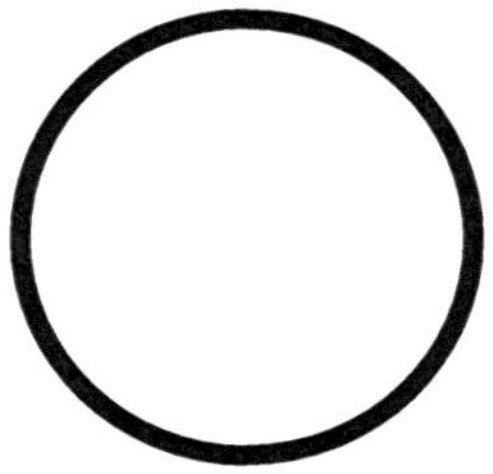

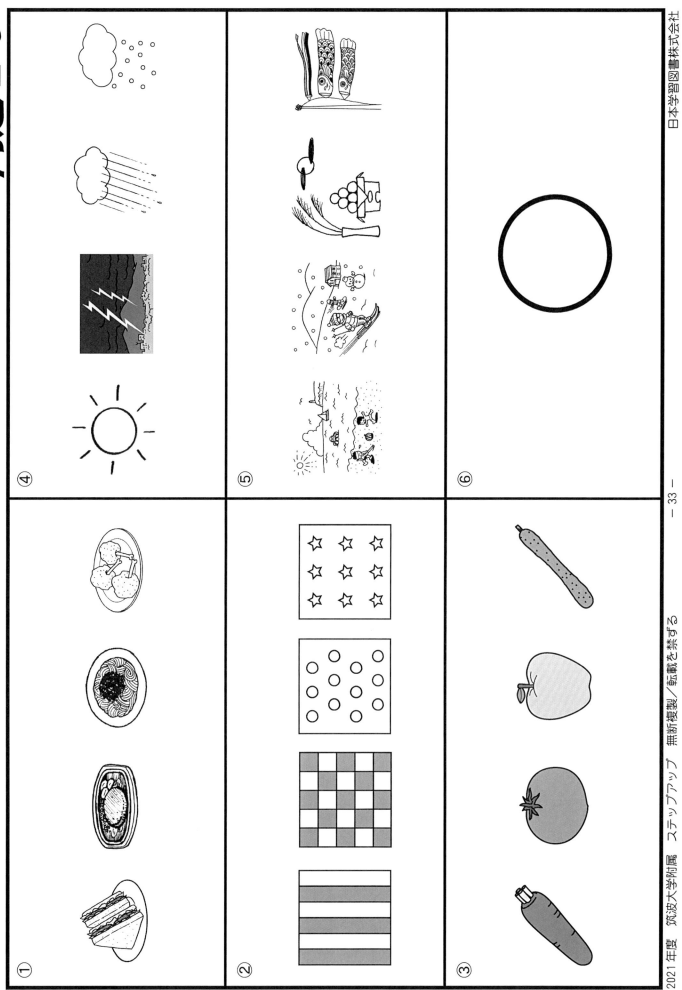

2021年度 筑波大学附属 ステップアップ 無断複製／転載を禁ずる　　日本学習図書株式会社

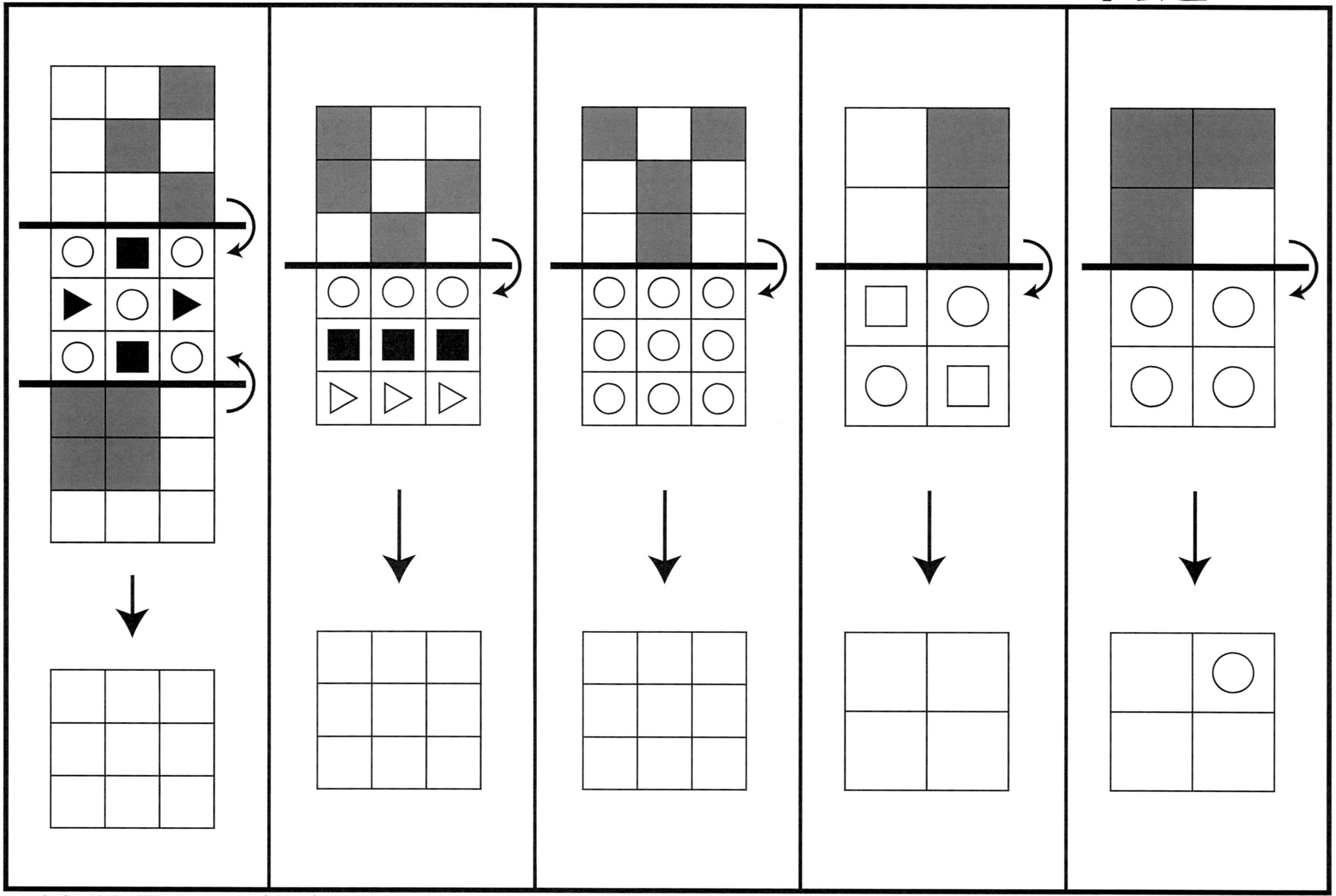

分野別 小学入試練習帳 ジュニアウォッチャー

1．点・線図形	小学校入試で出題頻度の高い『点・線図形』の模写を、難易度の低いものから段階別に幅広く練習することができるように構成。
2．座標	図形の位置模写という作業を、難易度の低いものから段階別に練習できるように構成。
3．パズル	様々なパズルの問題を難易度の低いものから段階別に練習できるように構成。
4．同図形探し	小学校入試で出題頻度の高い、同図形選びの問題を繰り返し練習できるように構成。
5．回転・展開	図形などを回転、または展開したとき、形がどのように変化するかを学習し、理解を深められるように構成。
6．系列	数、図形などの様々な系列問題を、難易度の低いものから段階別に練習できるように構成。
7．迷路	迷路の問題を繰り返し練習できるように構成。
8．対称	対称に関する問題を４つのテーマに分類し、各テーマごとに問題を段階別に練習できるように構成。
9．合成	図形の合成に関する問題を、難易度の低いものから段階別に練習できるように構成。
10．四方からの観察	もの（立体）を様々な角度から見て、どのように見えるかを推理する問題を段階別に整理し、１つの形式で複数の問題を練習できるように構成。
11．いろいろな仲間	ものや動物、植物の共通点を見つけ、分類していく問題を中心に構成。
12．日常生活	日常生活における様々な問題を６つのテーマに分類し、各テーマごとに一つの問題形式で複数の問題を練習できるように構成。
13．時間の流れ	『時間』に着目し、様々なものごとは、時間が経過するとどのように変化するのかということを学習し、理解できるように構成。
14．数える	様々なものを『数える』ことから、数の多少の判定やかけ算、わり算の基礎までを練習できるように構成。
15．比較	比較に関する問題を５つのテーマ（数、高さ、長さ、量、重さ）に分類し、各テーマごとに問題を段階別に練習できるように構成。
16．積み木	数える対象を積み木に限定した問題集。
17．言葉の音遊び	言葉の音に関する問題を５つのテーマに分類し、各テーマごとに問題を段階別に練習できるように構成。
18．いろいろな言葉	表現力をより豊かにするいろいろな言葉として、擬態語や擬声語、同音異義語、反意語、数詞を取り上げた問題集。
19．お話の記憶	お話を聴いてその内容を記憶、理解し、設問に答える形式の問題集。
20．見る記憶・聴く記憶	「見て憶える」「聴いて憶える」という『記憶』分野に特化した問題集。
21．お話作り	いくつかの絵を元にしてお話を作る練習をして、想像力を養うことができるように構成。
22．想像画	描かれてある形や景色に好きな絵を描くことにより、想像力を養うことができるように構成。
23．切る・貼る・塗る	小学校入試で出題頻度の高い、はさみやのりなどを用いた巧緻性の問題を繰り返し練習できるように構成。
24• 絵画	小学校入試で出題頻度の高い、お絵かきやぬり絵などクレヨンやクーピーペンを用いた巧緻性の問題を繰り返し練習できるように構成。
25．生活巧緻性	小学校入試で出題頻度の高い日常生活の様々な場面における巧緻性の問題集。
26．文字・数字	ひらがなの清音、濁音、拗音、拗長音、促音と１～20までの数字に焦点を絞り、練習できるように構成。
27．理科	小学校入試で出題頻度が高くなりつつある理科の問題を集めた問題集。
28．運動	出題頻度の高い運動問題を種目別に分けて構成。
29．行動観察	項目ごとに問題提起をし、「このような時はどうか、あるいはどう対処するのか」の観点から問いかける形式の問題集。
30．生活習慣	学校から家庭に提起された問題と思って、一問一問絵を見ながら話し合い、考える形式の問題集。

31．推理思考	数、量、言語、常識（含理科、一般）など、諸々のジャンルから問題を構成し、近年の小学校入試問題傾向に沿って構成。
32．ブラックボックス	箱や筒の中を通ると、どのようなお約束でどのように変化するかを推理・思考する問題集。
33．シーソー	重さの違うものをシーソーに乗せた時どちらに傾くのか、またどうすればシーソーは釣り合うのかを思考する基礎的な問題集。
34．季節	様々な行事や植物などを季節別に分類できるように知識をつける問題集。
35．重ね図形	小学校入試で頻繁に出題されている「図形を重ね合わせてできる形」についての問題を集めました。
36．同数発見	様々な物を数え「同じ数」を発見し、数の多少の判断や数の認識の基礎を学べるように構成した問題集。
37．選んで数える	数の学習の基本となる、いろいろなものの数を正しく数える学習を行う問題集。
38．たし算・ひき算１	数字を使わず、たし算とひき算の基礎を身につけるための問題集。
39．たし算・ひき算２	数字を使わず、たし算とひき算の基礎を身につけるための問題集。
40．数を分ける	数を等しく分ける問題です。等しく分けたときに余りが出るものもあります。
41．数の構成	ある数がどのような数で構成されているか学んでいきます。
42．一対多の対応	一対一の対応から、一対多の対応まで、かけ算の考え方の基礎学習を行います。
43．数のやりとり	あげたり、もらったり、数の変化をしっかりと学びます。
44．見えない数	指定された条件から数を導き出します。
45．図形分割	図形の分割に関する問題集。パズルや合成の分野にも通じる様々な問題を集めました。
46．回転図形	「回転図形」に関する問題集。やさしい問題から始め、いくつかの代表的なパターンから、段階を踏んで学習できるよう編集されています。
47．座標の移動	「マス目の指示通りに移動する問題」と「指示された数だけ移動する問題」を収録。
48．鏡図形	鏡で左右反転させた時の見え方を考えます。平面図形から立体図形、文字、絵まで。
49．しりとり	すべての学習の基礎となる「言葉」を学ぶこと、特に「語彙」を増やすことに重点をおき、さまざまなタイプの「しりとり」問題を集めました。
50．観覧車	観覧車やメリーゴーラウンドなどを舞台にした「回転系列」の問題集。「推理思考」分野の問題ですが、要素として「図形」や「数量」も含みます。
51．運筆①	鉛筆の持ち方を学び、点線なぞり、お手本を見ながらの模写で、線を引く練習をします。
52．運筆②	運筆①からさらに発展し、「欠所補完」や「迷路」などを楽しみながら、より複雑な鉛筆運びを習得することを目指します。
53．四方からの観察 積み木編	積み木を使用した「四方からの観察」に関する問題を練習できるように構成。
54．図形の構成	見本の図形がどのような部分によって形づくられているかを考えます。
55．理科②	理科的知識に関する問題を集中して練習する「常識」分野の問題集。
56．マナーとルール	道路や駅、公共の場でのマナー、安全や衛生に関する常識を学べるように構成。
57．置き換え	さまざまな具体的・抽象的事象を記号で表す「置き換え」の問題を扱います。
58．比較②	長さ・高さ・体積・数などを数学的な知識を使わず、論理的に推測する「比較」の問題を練習できるように構成。
59．欠所補完	線と線のつながり、欠けた絵に当てはまるものなどを求める「欠所補完」に取り組める問題集です。
60．言葉の音（おん）	しりとり、決まった順番の音をつなげるなど、「言葉の音」に関する問題に取り組める練習問題集です。

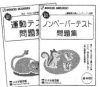

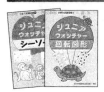

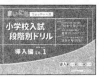

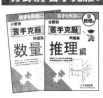

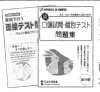

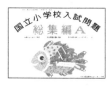

図書カード 1000 円分プレゼント

ご記入日　　　年　　月　　日

☆国・私立小学校受験アンケート☆

※可能な範囲でご記入下さい。選択肢は○で囲んで下さい。

〈小学校名〉＿＿＿＿＿＿＿＿＿＿＿＿　〈お子さまの性別〉男・女　〈誕生月〉＿＿月

〈その他の受験校〉（複数回答可）＿＿＿＿＿＿＿＿＿＿＿＿＿＿＿＿

〈受験日〉①：＿＿月＿＿日〈時間〉＿＿時＿＿分　～　＿＿時＿＿分

②：＿＿月＿＿日〈時間〉＿＿時＿＿分　～　＿＿時＿＿分

〈受験者数〉男女計＿＿名（男子＿＿名　女子＿＿名）

〈お子さまの服装〉＿＿＿＿＿＿＿＿＿＿＿＿＿＿＿＿

〈入試全体の流れ〉（記入例）準備体操→行動観察→ペーパーテスト

＿＿＿＿＿＿＿＿＿＿＿＿＿＿＿＿＿＿＿＿＿＿

Eメールによる情報提供

日本学習図書では、Eメールでも入試情報を募集しております。
下記のアドレスに、アンケートの内容をご入力の上、メールをお送り下さい。

ojuken@nichigaku.jp

●行動観察　（例）好きなおもちゃで遊ぶ・グループで協力するゲームなど

〈実施日〉＿＿月＿＿日〈時間〉＿＿時＿＿分　～　＿＿時＿＿分〈着替え〉□有　□無

〈出題方法〉□肉声　□録音　□その他（　　　　　　）〈お手本〉□有　□無

〈試験形態〉□個別　□集団（　　　人程度）

〈会場図〉

〈内容〉

□自由遊び

＿＿＿＿＿＿＿＿＿＿＿＿＿＿＿＿＿＿＿＿

□グループ活動

＿＿＿＿＿＿＿＿＿＿＿＿＿＿＿＿＿＿＿＿

□その他

＿＿＿＿＿＿＿＿＿＿＿＿＿＿＿＿＿＿＿＿

●運動テスト（有・無）　（例）跳び箱・チームでの競争など

〈実施日〉＿＿月＿＿日〈時間〉＿＿時＿＿分　～　＿＿時＿＿分〈着替え〉□有　□無

〈出題方法〉□肉声　□録音　□その他（　　　　　　）〈お手本〉□有　□無

〈試験形態〉□個別　□集団（　　　人程度）

〈会場図〉

〈内容〉

□サーキット運動

□走り　□跳び箱　□平均台　□ゴム跳び

□マット運動　□ボール運動　□なわ跳び

□クマ歩き

□グループ活動＿＿＿＿＿＿＿＿＿＿＿＿＿＿＿＿

□その他＿＿＿＿＿＿＿＿＿＿＿＿＿＿＿＿＿＿

●知能テスト・口頭試問

〈実施日〉 ____月____日 〈時間〉 ____時____分 ～ ____時____分 〈お手本〉□有 □無

〈出題方法〉 □肉声 □録音 □その他（　　　　　） 〈問題数〉 ____枚 ____問

分野	方法	内容	詳細・イラスト
（例） お話の記憶	☑筆記 □口頭	動物たちが待ち合わせをする話	（あらすじ） 動物たちが待ち合わせをした。最初にウサギさんが来た。次にイヌくんが、その次にネコさんが来た。最後にタヌキくんが来た。 （問題・イラスト） ３番目に来た動物は誰か 
お話の記憶	□筆記 □口頭		（あらすじ） （問題・イラスト）
図形	□筆記 □口頭		
言語	□筆記 □口頭		
常識	□筆記 □口頭		
数量	□筆記 □口頭		
推理	□筆記 □口頭		
その他	□筆記 □口頭		

●制作 （例）ぬり絵・お絵かき・工作遊びなど

〈実施日〉＿＿月＿＿日 〈時間〉＿＿時＿＿分 ～ ＿＿時＿＿分

〈出題方法〉 □肉声 □録音 □その他（　　　　　　） 〈お手本〉□有 □無

〈試験形態〉 □個別 □集団（　　　人程度）

材料・道具	制作内容
□ハサミ □のり（□つぼ □液体 □スティック） □セロハンテープ □鉛筆 □クレヨン（　色） □クーピーペン（　色） □サインペン（　色）□ □画用紙（□ A4 □ B4 □ A3 □その他：　　　　　） □折り紙 □新聞紙 □粘土 □その他（　　　　　）	□切る □貼る □塗る □ちぎる □結ぶ □描く □その他（　　　　　） タイトル：＿＿＿＿＿＿＿＿＿＿＿＿

●面接

〈実施日〉＿＿月＿＿日 〈時間〉＿＿時＿＿分 ～ ＿＿時＿＿分 〈面接担当者〉＿＿名

〈試験形態〉 □志願者のみ（　　）名 □保護者のみ □親子同時 □親子別々

〈質問内容〉

□志望動機　□お子さまの様子

□家庭の教育方針

□志望校についての知識・理解

□その他（　　　　　　　　　　）

（　詳　細　）

・

・

・

・

※試験会場の様子をご記入下さい。

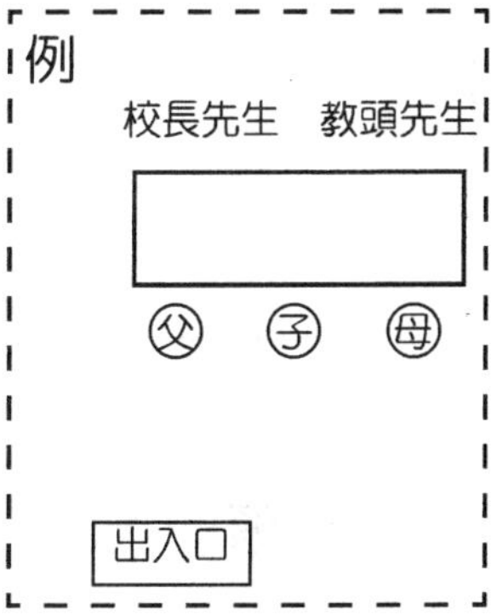

●保護者作文・アンケートの提出（有・無）

〈提出日〉 □面接直前 □出願時 □志願者考査中 □その他（　　　　　　　　）

〈下書き〉 □有 □無

〈アンケート内容〉

（記入例）当校を志望した理由はなんですか（150 字）

●説明会（□有　□無）〈開催日〉　　月　　日〈時間〉　時　　分　～　　時　　分

〈上履き〉　□要　□不要　〈願書配布〉　□有　□無　〈校舎見学〉　□有　□無

〈ご感想〉

●参加された学校行事（複数回答可）

公開授業〈開催日〉　　月　　日〈時間〉　時　　分　～　　時　　分

運動会など〈開催日〉　　月　　日〈時間〉　時　　分　～　　時　　分

学習発表会・音楽会など〈開催日〉　　月　　日〈時間〉　時　　分　～　　時　　分

〈ご感想〉

※是非参加したほうがよいと感じた行事について

●受験を終えてのご感想、今後受験される方へのアドバイス

※対策学習（重点的に学習しておいた方がよい分野）、当日準備しておいたほうがよい物など

＊＊＊＊＊＊＊＊＊＊＊＊　ご記入ありがとうございました　＊＊＊＊＊＊＊＊＊＊＊＊

必要事項をご記入の上、ポストにご投函ください。

なお、本アンケートの送付期限は入試終了後３ヶ月とさせていただきます。また、入試に関する情報の記入量が当社の基準に満たない場合、謝礼の送付ができないことがございます。あらかじめご了承ください。

ご住所：〒

お名前：　　　　メール：

ＴＥＬ：　　　　ＦＡＸ：

アンケートのご記入
ありがとうございました

ご記入頂いた個人に関する情報は、当社にて厳重に管理致します。弊社の個人情報取り扱いに関する詳細は、www.nichigaku.jp/policy.php の「個人情報の取り扱い」をご覧下さい。